普通高等学校学前教育专业系列教材

幼儿园班级管理案例分析

主　编　史爱芬　李立新

副主编　刘秀玲　许艳玲　袁淑云

编　委（按编写章节排序）

陈明晖　马柳新　李立新　刘秀玲　李　静　孙　晗

袁淑云　寇文亮　王　涛　陈　伟　王　晶　许艳玲

闫　玮　何爱丽　史爱芬　马晓琳　胡耀岗

复旦大学出版社

内容提要

本教材是在《幼儿园教师专业标准（试行）》《3—6岁儿童学习与发展指南》精神指导下，立足于当今学前儿童发展和幼儿园教师专业成长需要，本着实用、好用、操作性强的原则，依托案例，分析班级管理工作中各环节存在问题、原因及操作要点，以期切实提高幼儿园教师的班级管理能力，提升园所保教质量。教材分为三部分，分别是以人为本篇、保育篇、教育篇，共50个案例，全面系统，深入浅出。

本书可供普通高等院校和高职高专学前教育专业以及幼儿师范学校的学生使用，既可作为学习教材，也可作为教师资格证和人事入编考试的参考资料，还可为幼师生参加全国职业院校技能大赛"学前教育专业技能"赛项提供有效的实战演练资料，同时也可作为在职幼儿园教师的培训和继续教育教材。

本书配有教学课件，可登录www.fudanxueqian.com免费下载。

前 言

　　自从有了人类社会,就有了管理。在中国灿烂的文明中,人们在生活中积累了丰富的管理经验,如儒家提倡"仁政",道家提倡"无为而治",孙子传世之作《孙子兵法》中"不战而屈人之兵""唯民是保"等管理思想至今仍为管理者所运用。

　　管理是管理者遵照一定的原则,使用各种管理手段,通过计划、组织、指挥、领导和控制各个受分工制约的不同个人的活动,创造出一种远比个人活动力量总和要大的集体力量或社会力量,从而高效率地组织展开一个有目标的活动。简单地说,管理就是通过协调不同个人的行为,以有效利用各种资源,去实现组织有目标的活动。管理具有计划、组织和控制职能。美国著名管理学家彼得·F·德鲁克(Peter F. Drucker)提出的"管理者角色"概念指出:"在一个现代的组织里,如果一位知识工作者能够凭借其职位和知识,对该组织负有贡献的责任,因而能实质地影响该组织的经营能力及达成的成果,那么他就是一位管理者。"也就是说,一个人在自己的位置上,依靠自己的知识和能力并能为改善自己所在组织的运作而做出自己贡献的每个知识工作者都可能成为管理者。

　　是否是管理者有两个前提条件:一是工作,有需要你去管理的工作;二是人,有需要你去管理的人。在幼儿园班级中,幼儿的生活事物、教育教学、卫生保健、家园联系等都属管理工作范畴。此外,在班级保教工作中,幼儿教师需要确定一个班级的工作任务、目标、实现目标的措施,制定学年、学期、月和周计划,有序开展保教工作。所以说,幼儿园教师是一个管理者,是幼儿园某一个班级的管理者。

　　班级是开展保教工作的基本单位,保教工作又是托幼园所全部工作的核心。幼儿园班级是幼儿园教师工作的主要舞台,是幼儿游戏、学习的主要场所,是幼儿生活、成长的家园。优质的班级管理是提升幼儿园保教质量,促进幼儿身心健康发展,促使幼儿园可持续发展的关键。提高幼儿园教师班级管理能力,需要一个理论指导实践、从实践中提升理论的过程,采用案例分析法有特殊的效果。

一、幼儿园班级管理案例的特点

　　案例是对现实生活、工作中某个真实事件的特定情境的描述。幼儿园班级管理案例,是将幼儿园班级管理中的主要因素,即人(幼儿、幼儿园教师、幼儿家长、幼儿园园长等)和事(主要是保育工作、教育工作或与保教工作相关的因素)置于管理的范畴。而幼儿园班级管理案例诊断与分析是应用学前教育管理知识对实际的班级管理案例进行分解、剖析、定性、讨论、交流,探寻方法和措施,从而实现理论与实践的结合、知识转化为能力的目的的过程。

幼儿园班级管理案例具有以下特点:

(一)幼儿园班级管理案例所列事件属管理性问题。

(二)幼儿园班级管理案例具有高度的拟真性。

(三)幼儿园班级管理案例具有典型性。

(四)幼儿园班级管理案例诊断分析注重以事论理。

二、幼儿园班级管理案例的功能

第一,提供实例,模拟实践,有利于培养和提高幼儿园教师和幼教师资培养院校学生的班级管理能力。

第二,形象具体,激发学生主动性,弥补了幼教师资培养院校培养师资过程中"填鸭式"灌输知识的缺陷。

第三,集思广益,互相启迪,有利于帮助幼儿园教师和幼教师资培养院校学生开阔视野、丰富知识。

第四,锻炼理论联系实际的能力,为幼儿园教师参加人事入编考试提供了重要参考;也为幼教师资培养院校学生参加教师资格证考试提供实践演练;同时也为幼师生参加全国职业院校技能大赛"学前教育专业教育技能"赛项,尤其是其中的"幼儿园保教活动分析"和"幼儿教师职业素养测评"两个赛项,提供了有效的实战演练资料。

本教材是在河北省教育科学"十二五"规划重点课题"城市与农村幼儿园班级管理比较及干预研究"(项目编号:13041901)、石家庄幼儿师范高等专科学校科研项目"幼儿常见问题行为成因分析及家园合作策略研究"(项目编号:KY201865)的基础上编写。在本书编写过程中,我们参考了国内外相关文献资料和学前教育教究中的教材、论文、专著,在此向有关作者衷心致谢。同时,也向给予我们研究、编写工作大力支持的幼儿园和幼儿园一线教师们表示感谢。

本教材分工如下:由李立新、史爱芬、刘秀玲负责全书架构与策划并统稿;陈明晖编写第一章;陈明晖、马柳新、袁淑云、李静、孙晗共同编写第二章;寇文亮编写第三章;王涛、陈伟共同编写第四章;王晶编写第五章;许艳玲编写第六章;闫玮、何爱丽共同编写第七章;史爱芬编写第八章;马晓琳编写第九章;胡耀岗编写第十章。

由于水平有限,书中难免有疏漏之处,敬请专家、同行、读者给予批评指正,以便进一步修改和完善。

编者

2019 年 1 月

目录

第二部分　保育篇

第三部分　教育篇

第一部分

以人为本篇

　　人存在于社会之中,所以,人不仅是生物的人,更是社会的人。人生活、工作、学习在特定的社会群体之中,总要与他人进行交往沟通,这种人与人之间相互交往关系的好坏,往往会对人的行为产生积极或消极作用。一个群体具有和谐友好的人际关系,是管理者实现管理目标的重要条件。

　　幼儿园班级管理和建设是一项艰巨而伟大的工作,其宗旨是促进学前儿童身心健康和谐发展。作为幼儿园和班级的管理者,不仅要做好幼儿的保育工作,更重要的是培养幼儿健康的身心,树立以人为本的管理理念,关注幼儿园各方面人际关系的和谐发展。

　　以人为本的理念,从思想的层面上反映为科学发展观的核心思想。也就是说,与物相比,人更重要,不能本末倒置。从管理学角度来看,强调理解人在工作场所的行为、需要、态度以及社会互动和群体过程的重要性。巴纳德的动态平衡理论认为,组织是人群之间互动关系组成的系统,因此,在重视正式组织的同时,更要重视非正式组织的作用。要确保组织成员的贡献与自我满足之间的平衡,同时,要建立有效的沟通机制,明确彼此之间的责任。从马斯洛的需要层次论来看,人有最低层次的生理需要,更有高级的社交需要,也叫归属与爱的需要。霍桑试验结论得出,人是社会人,需要爱和尊重,即人是社会的中心。只有人与人之间和谐发展,才能产生高效能。这些理论充分体现了"以人为本"的管理理念。

　　因此,幼儿园班级管理中和谐的人际交往与人际关系,是幼儿园班级管理中心环境中的重要内容。幼儿园班级管理中的人际关系包括了幼儿园管理者与教师的关系、幼幼关系、师师关系、师幼关系以及教师与家长之间的关系等。创设融洽、和谐、平等、健康的班级管理氛围,能有效地促进幼儿身心健康发展,使幼儿在和谐的集体活动中产生自信心和幸福感,在积极、良好的心理状态下健康成长。

第一章

班级教师之间和谐一致
案例诊断与分析

 **案例一** 幼儿园开展"班级精神环境创设"活动带来的风波

案例呈现

　　某实验幼儿园,园长每学期都会针对园所精神环境创设问题,让老师们根据本班情况设计"精神环境创设"活动方案,并在园内公开讲述设计思路。然而有些老师却有不同意见,如下:

　　A 教师的意见:"园长,为什么每学期都是让我们这些副班老师来承担'幼儿园班级精神环境创设'的讲述,而让主班老师当评委?"

　　B 教师的意见:"园长,每学期都是我们讲,主班老师听,既然他们是有经验的老师,比我们讲得好,那就让他们讲给我们听听,分享一下他们的经验,我们需要学习!我们不想讲了!"

　　这是该园在宣布本期"班级精神环境创设"的活动继续由各班的副班老师讲述时,遭到了所有副班老师的反对。园里本来就很微妙的教师关系,通过这次活动安排,变得更加紧张。在接下来的一日活动各环节中,各班老师心里都有些不舒服,谁都不理谁,严重影响了正常的教学工作,矛盾随之越积越深。有些心理调节能力差的老师,甚至把教师之间的怨气撒到孩子们身上,以致孩子们每天都在恐惧、提心吊胆中度过。

 **案例分析**

　　作为管理者,园长的意图是想通过每期举行的"班级精神环境创设"讲述活动,实现教育经验的分享。该活动表面看是一个讲述活动,但园长的初衷是让主班老师引导副班老师通过讲述对该问题的思路更加清晰和完整,实际是让青年教师整理和归纳活动思路,同时也为青年教师提供

锻炼机会和展示平台。然而,这种活动却起到了相反的效果,不但没有拉近教师之间的关系,反而使得教师之间关系更加疏远,矛盾更加深化。

作为幼儿园教师,在工作中,由于观点、能力等差异,同事之间难免会对某些问题存在分歧和矛盾。如有的教师把幼儿园的工作看成是一个纯粹的谋生职业,在工作中难以获得幸福感;有的教师则认为幼儿教师的工作不仅仅是一份工作,更是培养人的教育事业,从而在工作中获得了幸福和快乐。有的教师教学能力较强,教学要求也相对较高,而有的教师教学水平相对较弱。由于种种不同,教师在工作中对待孩子的态度以及工作的目的必然存在差异。若是双方合作时缺乏有效沟通,难免会产生矛盾。如在"班级精神环境创设"活动中,主班老师针对副班老师在讲述过程中的指点,即使是好意,也可能会由于理念、观点的不同产生矛盾。如果都是性格急躁的人,矛盾就容易激化。

 指导建议

在日常工作中,同事之间的分歧和矛盾并不可怕,重要的是如何采取积极措施化解矛盾。

第一,注重沟通,相互理解。沟通是一门艺术,但沟通首先要学会选择适当的时机,不要在事情正发生的时候与他人对质,应该在双方都冷静下来后进行沟通,这样效果更佳。并且,在沟通的过程中要学会换位思考。

第二,要学会尊重别人。以平等的姿态与他人沟通,对方就会对你产生好感。

第三,坚持原则,讲究技巧。在原则性问题上如果没有错就应该坚持,但必须讲究技巧。要避免和同事公开对立,激烈争辩更不可取。

第四,豁达胸怀,忘记过去。同事之间出现矛盾,往往都是一些鸡毛蒜皮的小事。我们要学会忘记过去的不愉快,不要因为小事而耿耿于怀。

虽说矛盾的化解根本在当事人,但幼儿园的管理者,对缓和教职工之间的矛盾还是有很大影响的,调节得当,就可以成为解决冲突的润滑剂。具体可从以下三个方面来调节。

1. 根据个性品质,调节人际关系。不同个性的人具有不同的人际反应,人际反应可分多种类型,管理者通过日常的观察,掌握教师的人际反应类型,在日常的工作中采取适当的搭配,可以缓解或消除可能发生的矛盾和冲突。

2. 确立共同的幼儿园工作愿景。共同的工作愿景体现着全体教师的一致追求,有着强大的凝聚力。管理者要经常就幼儿园的前景与教师沟通,让每位教师认识到这一目标与幼儿园发展和教师个人利益都是息息相关的,使所有教师成为这一目标的自愿追求者。教师们在实现愿望的奋斗中。能够产生巨大的向心力,迸发出强大的创造力。这样就便于形成充满活力的、和谐的人际关系。

3. 创造教师之间有效沟通的机会。要创设交流和沟通的平台,积极创设教师频繁交流的机会,通过讨论、建议、辩论等方式,增进教师之间的理解和信任,使教师认同集体的观念,增强集体凝聚力。如幼儿园可以举办教职工舞会、外出旅游、茶话会、节日聚餐等活动,创造出轻松愉悦的氛围,让教师们处在平等的交流平台上,使教师之间增进理解。此外,这样面对面的直接交谈,减少了沟通的环节,信息不容易被误解和歪曲,从而增强了教师之间沟通的有效性。

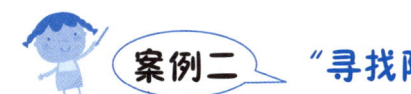 案例二 "寻找陀螺"科学活动交流会

案例呈现

　　大二班的李老师是园里"做中学"科学活动教研组的成员。在"寻找陀螺"科学活动交流会上,她把自己的教学活动设计思路跟大家做了分享。首先,李老师以"寻找陀螺"为切入点,引导大班幼儿探索有关陀螺的基本知识,然后制作陀螺。活动期间幼儿发现,当陀螺表面有颜色时,旋转起来就会发生混色现象,于是又引出了对牛顿色盘的探索。李老师开展活动的同时还相应布置了墙面,分三个版块,分别是:发现陀螺;制作陀螺;奇妙的色盘。

　　李老师的设计思路得到了老师们的认可。大家一致认为活动选材符合大班幼儿的认知水平和兴趣点,且陀螺本身也确实包含着很多科学元素,如:陀螺的"旋转"与普通的"转"不同;陀螺旋转时不会倒;陀螺的操作杆与重心的关系等。引导幼儿通过制作陀螺学会找重心、调节操作杆的长度和位置等,能够激发幼儿的科学探索精神。但同时,老师们也指出了李老师在设计思路上的一些不足之处,尤其是"奇妙的色盘"这个环节的设计就存在明显问题:第一,光和色的知识较抽象,对大班幼儿来讲有难度;第二,从陀螺引到光和色的知识有些牵强,使整个活动目标不明确。其实,陀螺本身就具备许多探索点,色盘与混色现象可另开设科学探索活动;第三,活动应把重点放在制作陀螺的过程中,注意观察与指导幼儿,让幼儿自己选择材料,将小组制作与个人制作相结合,探索成败的原因,做好科学的记录与分析,尽量不要明确地提出"重心""旋转"等科学概念,而引导幼儿在操作过程中自己提出来。

　　受到老师们的启发后,李老师重新调整了活动方案,把重点放在了让幼儿自己探索、制作陀螺上。接下来的活动进行得非常成功,幼儿不仅对陀螺有了全面认识,还对探索活动兴趣十足。

 **案例分析**

　　该案例充分体现了该园和睦融洽的教研氛围。同事的公正评价和善意指导,能启迪教师主动思考、不断改进和完善工作,是影响教师成长的重要因素。案例中,老师们首先了解了李老师的设计思路,肯定了李老师的选材,之后与李老师一起分析问题,并提出良好的建议,指导亲切而自然,为其改进方案引路,使其工作有方向,愿意主动改进,并对"做中学"有了深刻的认识。所以,这是一个成功的、通过教研指导教师转变教育行为的案例。

　　从该案例中我们也可以看到,同事之间教学思路的探讨与磨合,是教师在教学中快速提升的有效途径。尤其是有经验的教师结合自身扎实的专业知识和教育经验,给予其他教师的指点和帮助,不仅可以缩短其他教师在教学中的思考时间,更能解开其他教师在教学中的各种困惑。

"寻找陀螺"科学活动交流会带给我们的启示如下：

1. 教师要科学认识教育工作的特点，正确对待自己与他人。教师要认识到，幼儿园的育人工作是一个教师集体活动的过程，只靠一个人是无法完成的。在教育工作中，教师之间虽有一定的分工，但这种分工与其他工作中的分工有区别，所有分工都统一在"育人"这个总目标中。在教育、管理幼儿的过程中，尤其需要相互协调与配合，做到彼此适应、互相帮助、分工不分家。所以，教师要注意心理角色的互换，待自己要严格，待人要宽容、谅解，与同事要通力合作，正确处理人际间的矛盾冲突，防止矛盾激化。

2. 园领导要倡导互相支持、互相协作的工作氛围。领导在采取表扬、奖励等激励手段时要十分重视提倡教师的团结协作精神，注重对集体教育成果的激励，加强导向力度。

3. 园所应经常开展一些教育、教学的经验交流活动。教师间通过交流，既能取长补短，共同提高，又能增进相互之间的了解，加深感情，融洽氛围，从而形成友好和谐的人际关系。当然，交流时还应注意方式方法，如都是提建议，提法不同，效果也会不同。真诚、委婉、设身处地的做法，易使人心悦诚服；而虽是好意却用词不当、忽略当事人的感受等做法，往往会起到相反的效果。

案例三　元旦节目引风波

案例呈现

某幼儿园每年元旦前夕都会准备一些文艺节目，迎接新的一年。可是，在编排节目的过程中，总会出现一些不和谐的现象。首先，在选择节目类型时，就产生了很多分歧。如有的老师认为应多安排一些舞蹈类节目；有的老师则认为应多安排一些故事或歌曲类节目。继而，在节目编排过程中，更是各说各的理。如在舞蹈类节目的编排过程中，有的老师认为舞蹈动作不能太过大胆或夸张，有的老师则认为舞蹈动作不能太过单调。于是，因为沟通不到位，大家各自按照自己的方式去排练，导致教师之间因为元旦节目问题而产生矛盾。

王老师是一位新来的舞蹈方向的幼儿教师，为了借元旦演出展示自己的特长，她组织班里幼儿编排了一个名为"漂亮宝贝"的模特走秀节目。该节目配以韩国七公主的流行音乐，风格火爆，动感十足，孩子们觉得特别新鲜，也非常的喜欢，排练过程中积极性很高。可是，主班的陈老师不赞同王老师的做法，认为该节目不利于幼儿身心健康发展，会给幼儿园带来负面影响，坚决反对王老师排练该节目。王老师不顾陈老师的感受，执意组织班里的孩子编排了该节目，以至于两人的关系因为节目的选编而恶化，矛盾越来越深，最终演变为谁都不理谁，在园里造成了不好的影响。

 案例分析

教师之间在教学上发生冲突是极为普遍的现象。每个教师都在一定的群体中学习、工作和生活,与其他同事之间存在着相互依赖性。同事之间的关系对班级的教学效果起着直接的影响作用。该案例中教师之间的冲突原因在于:

1. 教师之间存在个体差异,尤其是个性上的差异。每个教师都具有不同的个性,个性差异小的教师,彼此的教学观点和对问题的看法容易被对方接受,所以在许多方面容易达成共识;个性差异大的教师则不容易接受对方的观点,彼此的教学理念和对问题的看法容易存在分歧和矛盾,工作和交往中的阻碍、争执和冲突也就更加频繁。

2. 教师之间存在着认知水平上的差异。由于认知水平不同,对同一件事,不同的人可能有不同的看法。因此,很自然地就会产生认识方面的不同,甚至因此发生冲突。该案例中,新老教师互不服气,不把对方放在眼里。新教师看不惯老教师观念陈旧,而老教师则认为新教师教学经验少、社会阅历浅。这样,新教师听不进老教师在工作上的批评和建议,老教师也看不到新教师带来的新观念、新方法,彼此虽表面服从,内心却牢骚满腹。

3. 新教师忽视与老教师的沟通和交流。该案例中,新来的王老师心气比较高,一心想在工作中展现自己,依据个人的兴趣、信念、观点和需要做事,忽视了老教师的建议和感受。

4. 老教师忽视了与新教师平时的交流与合作。教师们如果在平时的工作和生活中,能够多沟通、合作默契,则不会造成该事情的发生。

 指导建议

作为幼儿园的园长,要充分发挥领导作用:

1. 当好"调查员",深入教师之间,详细了解情况。当教师之间有了矛盾后,园长要及时了解情况,掌握矛盾产生的缘由,作出客观的分析,妥善处置,以防矛盾激化。在调解中做到:一要寻根究底,查明原因,不可冷眼旁观,听之任之。二要主动找当事人了解情况,倾听双方诉说。同时园长还要听听其他知情教师的评判,力求全面准确地了解矛盾的根源。

2. 当好"调解员",对症下药,巧妙化解。在弄清缘由的基础上,园长应采取相应对策。对非原则性矛盾,不妨来点"和稀泥"式的冷处理,或找双方谈心,引导教师求同存异;但对原则性的矛盾,还是要旗帜鲜明。

3. 在教师间建立互相支持、友好和谐的人际关系。有效解决教师之间冲突的办法是引导全体教师正确认识自己和他人,缩短相互间的心理距离,增进相互间的吸引因素,通过交往建立园所内部良好的人际关系。

作为幼儿园的教师,在教学工作中出现矛盾在所难免,应注意做到:

1. 正确认识矛盾,及时沟通,化解矛盾。大家的努力都是为了共同的目标,那就是让幼儿园的孩子们身心健康发展。所以,教师之间没有本质上的分歧,不同的观点也不过是在共同目标指

引下出现的小问题,易于沟通和化解。

2. 加强自身修养,提倡团队精神和奉献精神。能够团结他人,形成一个有凝聚力的集体,既是教师自身素质的反映,又是教师协调人际关系能力的体现。因此,教师要树立正确的世界观、人生观和价值观,才能与他人建立良好的人际关系。

案例四 **保育员和教师之间引发的冲突**

案例呈现

　　某幼儿园经常组织幼儿进行户外活动。在此方面,保育员老师认为,幼儿身体脆弱,户外活动容易导致摔伤、碰伤和感冒风寒,应该尽量在室内活动。教师则认为,幼儿总在室内活动不利于形成开朗活泼的性格,减少户外活动也不利于幼儿身体健康成长。

　　一次,在上午大课间组织幼儿活动时,两个班按规定集中在户外活动场地进行游戏。活动结束后,教师在活动场地收拾玩具,幼儿则自行散去,自由玩耍。几名幼儿在跳台阶玩,一名幼儿不小心摔倒在地,大哭起来。其他幼儿连忙告诉老师,老师立即检查,发现其没有外伤,便安抚其入班。中午时分,保育员老师发现该幼儿抬不起胳膊,解开衣服看到幼儿右肩处红肿,随即送往附近医院拍片检查,经检查系锁骨骨折,便马上通知了幼儿家长。家长看到幼儿伤情后,非常生气,要求领导解决处理。关于事故责任,保育员老师认为,是主班老师没有尽到职责,在幼儿自由活动时没有注意好安全问题导致发生安全事故。而主班老师则认为,保育员在严格执行幼儿园各项管理制度方面存在问题,该负主要责任。在家长问责时,保育员和教养员甚至发生了口角,在园内造成了负面的影响。

案例分析

　　在班级管理中,由于职责所限,保育员和教师之间的矛盾时有发生。教养员注重幼儿教育中德、智、体、美诸方面教育相互渗透、有机结合,并开展丰富多彩的活动。而保育员要严格执行幼儿园各项管理制度,确保幼儿人身安全,这其中难免发生理念上的冲突和工作中的矛盾。其实,无论保育员还是教养员,其工作目标是一致的,都是为了幼儿能健康快乐地成长,所以其工作本质上不存在利害冲突。而该案例中,导致事故和矛盾发生的原因有:

　　1. 保育员和教师麻痹大意,在幼儿活动时没有合理分工,出现管理盲区。由于幼儿自觉性差,对危险的意识不够,在户外活动时,教师一定要合理安排活动的时间、内容和节奏,使幼儿不脱离自己的视线,才能避免幼儿做危险游戏,最大限度地保护幼儿的安全。

2. 伤害发生后,教师对幼儿的伤后处理方式太随意,不具备基本的保育、保健知识。在意外发生以后,教师对幼儿受伤这件事不够重视,处理太过随意,觉得只是摔了一跤,揉一揉就没事了,这是极端错误的。其实,孩子受伤在所难免,这一点大部分家长都可以理解,但是如果由于教师的疏忽而导致自己的孩子没有得到及时治疗,家长肯定会追究责任。所以,对于每一个受伤的幼儿,教师都应引起足够的重视,仔细地检查。

3. 保育员对幼儿园的规章制度细化不够。保育员对幼儿在幼儿园学习、活动、休息时可能出现的安全隐患都应该提前预想,认真制定各类预案、细则,各司其职,让每一位教师都树立以孩子为中心的思想,而不是出了事故后再补救或者推卸责任。

 指导建议

幼儿活泼好动,幼儿园发生孩子小磕小碰在所难免。可怕的是保育员和教师职责不明,由此发生矛盾,导致安全事故一而再、再而三地发生。幼儿园管理人员应该站在全园的高度上统筹进行矛盾调解和事故预防。

1. 以此事件为契机,通过专题会议强调责任意识和安全意识,要求每位教职工提高工作责任心。

2. 通过园领导小组集中讨论,结合本园特点,进一步细化幼儿园规章制度,明确幼儿园一日常规,各类活动细则和教职工各自的职责。开展各类活动时要提前设想各个细节,合理安排。

3. 丰富教职工保育、保健常识,提升意外伤害事故处理能力。园领导可请卫生所的医生对教职工进行培训,使教职工深入了解幼儿保健知识,提高对各类伤害事故的及时救治能力。保育员还要及时掌握有关幼儿身体状况的第一手资料,以便全面负责幼儿身体健康情况。

4. 对幼儿进行安全教育。教师应通过专门的教学活动、游戏等多种途径,让幼儿了解安全常识,知道什么是危险的,什么是安全的,怎么做是错误的,怎么做是正确的。

案例五　　马老师肚子里有小宝宝了

案例呈现

中二班配班老师马老师怀孕了,很快不少家长也都知道了。部分家长有点恐慌,马老师怀孕了,当班期间还能用心照顾和管理好孩子们吗?过了一段时间,有些家长私下跟班主任

陈老师反映能不能换个老师,但同时这些家长也发现这段时间自己的孩子好像变得懂事了,体贴人了。在一次家长会上,陈老师向家长们通报了马老师怀孕以来这段时间,班中两位老师和保育员王老师之间的工作协调内容。原来,马老师怀孕后,保育员王老师主动分担一些工作;在马老师需要做产检请假的时间或身体不舒服需要临时调休的时间,班主任陈老师主动与其调班,并生成"肚子里的小宝宝"主题活动,引导孩子们了解生命历程,懂得关心照顾老师,理解妈妈对自己的付出。家长会后,家长们纷纷表示理解和支持,对马老师怀孕后仍坚持上班表示肯定和感谢。幼儿园对怀孕老师休产假也早有安排,在马老师分娩前后,幼儿园和家长合力,顺利完成了中二班老师的调整工作。

 案例分析

该案例中,家长的担心是由孩子所在班的马老师怀孕引起的。家长的心情和最初的担忧是可以理解的,每位家长都希望自己孩子所在班的老师能全身心投入工作。

幼儿园教师的工作具有集体性的特点,保教工作需要教师之间、教师与保育员之间协同合作、配合默契共同完成。案例中最值得肯定的是班级中的保育员王老师和主班老师陈老师在马老师怀孕后主动承担一些工作和主动调班的做法,为班级工作顺利开展奠定了基础。孕中情况相对稳定,幼儿园教师可以正常工作,在这种相互理解、相互照顾的氛围中,对孩子也是一种不可多得的生命教育。

 指导建议

幼儿园是直接面对二孩时代的先头部队,幼儿园与老师、老师与孩子、老师之间、老师和保育员之间、家长与幼儿园之间,都能够相互理解、相互照顾,用和谐的氛围影响孩子。该案例给我们以下启示:

1. 和谐的教师团队是幼儿园发展的基石。幼儿园和主班教师要充分发挥组织领导作用,增强团队凝聚力。

2. 班级或幼儿园可以开发以"生命"为中心内容的主题活动或亲子活动,对幼儿进行生命教育。

3. 幼儿园要引导家长放平心态,正确认识老师也有怀孕、生子、生二孩的权利。

4. 孕育新生命的过程是一件再自然不过的事情。班级教师团队要鼓励怀孕的老师,放松心态,用自然的眼光来看待,心情愉悦地工作和等候新生命的到来。

5. 幼儿园要提前安排由于教师休产假而引起的人员变动,以保障班级工作正常开展。

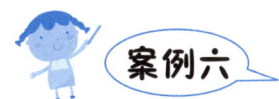 **案例六** **主配班教师如何做好搭班工作**

案例呈现

1. 态度与能力

主班教师王老师有美术特长,带班两年后,配班教师换成了李老师。李老师在音乐方面是强项,而美术功底没有王老师深。但李老师比较要强,环境布置等各项工作,她都积极去做。有一次李老师布置了一个区角环境,王老师很不满意。她想重做,但那毕竟是李老师的劳动成果;听之任之,这个区角的环境确实质量不高,王老师自己也是个要强的人,不希望自己班的环境出现这样的问题。王老师处于两难中,不知该怎样处理。

2. 新教师与老教师

徐老师是一位有多年教学经验的老教师,而她的搭班方老师是一位刚从师范学校毕业的新教师。徐老师的想法:现在的年轻老师依赖性很大,自己要多担当一些,但是自己多做了,又怕年轻老师说不给她机会,真的很为难。而新来的方老师也有她自己的委屈:老教师什么事都是凭经验,总说我干得不好,我干脆就少做点,可是少做了你又说我偷懒。

3. 放手与干预

小陈老师和小刘老师是新搭班的一组教师,他们都很爱孩子,也都很负责。但是关于班级管理,两人各有侧重点。小陈老师认为应该多发挥孩子的天性,成人的干预要减少;而小刘老师则经常强调班级的有序运作和孩子的科学管理。尽管两人并没有因此争执过,但是,心中总有那么点小疙瘩,因为谁也说服不了谁。接下来的工作中两人会不会合作困难,她俩又该怎样磨合好呢?

(摘自:苏州市网上教师学校、园本教研:班级主配班合作和谐性探讨)

 案例分析

苏联教育家马卡连柯曾说过:"无论哪一个教师,都不能单独地进行工作,不能作个人冒险,不能要求个人负责,而应当成为教师集体的一份子,只有与其他教师合作,每个教师才可能使自己本身的成就辉煌起来。同时,使整个集体的成就也辉煌灿烂起来。"班内教师的配合是否得当,直接关系到班级管理效果的好坏。

从以上案例可以看出,主配班教师是每天都会打交道的"战友",由于年龄、性格等方面的不同,使得两人工作时办事方式存在差异,对待幼儿的态度也存在差异。如果主配班教师都任由着自己的性子办事,不顾他人感受,很容易产生矛盾、分歧。但如果主配班教师配合得和睦融洽,不仅事半功倍,而且更有利于幼儿的健康成长。

 指导建议

1. 严于律己,宽以待人

所谓"严于律己"是指要学会自我诊断、自我调节,踏实肯干,一切以工作为重,不要认为自己干多了就是吃亏。主班教师要以身作则,要求配班教师做到的,自己首先要做到,事事走在前,做在前,不怕累,不怕脏,尽力把各项工作做好;配班教师要积极配合主班教师的工作,不要喧宾夺主,要摆正自己的位置,努力完成好主班教师布置的任务、开展的各项活动,使每个幼儿健康快乐地成长。

所谓"宽以待人"就是要求教师多站在对方的角度考虑问题,毕竟每天面对三四十个孩子,以及繁琐复杂的工作,每个人都难免会产生烦躁、厌倦的情绪。面对别人的不足或无意造成的过失,应以一颗平常心对待。"人非圣贤,孰能无过",不必斤斤计较,耿耿于怀,不能抓住别人的缺点不放,要给别人改正错误的机会。与此同时,在工作中,人各有长,无论主班教师还是配班教师,都要学会用赏识的眼光看待别人,取长补短。

2. 明确分工,协调合作

一个和谐的团队,需要同事之间相互信任、相互配合,确定共同的奋斗目标。只有教师之间团结协作了,班级管理工作才能开展得有声有色。例如,在课堂教学中,主班教师精力有限,配班教师就不能仅仅将工作局限于维持秩序,而应及时根据主班教师的课程内容,引导幼儿作出反应,才能收到良好的效果。但是,这里所说的合作,是在明确职责的前提下教师之间互帮互补,而不是工作起来没有界限,不分彼此。

主班教师要合理分配班级工作中的各项任务,使每一个时段都有良好分工。主班教师不能大包大揽,要给配班教师施展所长的机会,这样不仅工作效率会提高,而且各位教师也会积极配合主班教师的工作。而作为配班教师,要充分尊重主班教师的意见,对自己在每个时段的任务要做到心中有数。

3. 以诚相待,用心沟通

作为主班教师,要努力营造轻松、愉快的工作氛围,使教师学会相处与合作,增强教师间凝聚力。工作中的教师们,请不要吝惜自己的笑容,真诚对待每一位同事,用善于发现美的眼光看待同事的工作,认可同事的努力,多与同事沟通和交流。当发现工作中有分歧时,主班教师和配班教师要及时沟通,心平气和地讨论,真诚地交换意见,并提供力所能及的帮助。事实上,每一位教师都是为每一位幼儿着想的。由于教师工作方式、脾气秉性上存在差异,出现矛盾在所难免。当面对这些分歧和矛盾时,不要和同事公开对立,也不要心存怨恨,应以诚相见,多沟通多交流,大事化小,小事化了。

第二章

教师与家长和谐一致
案例诊断与分析

案例七　**妈妈, 我害怕**

案例呈现

　　4 岁的杨子桐最近不太愿意上幼儿园, 不过在妈妈的劝慰下还是去了。可是在接下来的日子里, 小子桐晚上总做噩梦, 甚至在梦里哭喊着: "不要, 不要……" 妈妈以为孩子肚子里有寄生虫了, 带他到医院检查, 没发现问题。妈妈还觉察到, 以前很是乖巧的子桐变得容易发怒, 稍不顺心就摔东西, 也不如以前活泼了, 表情紧张、恐惧, 动作杂乱而无目的, 甚至经常发呆。

　　有一天, 妈妈趁子桐玩玩具的时候问他: "桐桐晚上是不是经常做梦, 是不是梦到害怕的东西了?" 子桐说: "我上课说话了, 老师就把我关小黑屋子。我和小朋友争玩具了, 也关小黑屋子。妈妈, 在小黑屋子真的很害怕! 一看到老师, 我就害怕!" 杨子桐的妈妈听了孩子的诉说, 又看到孩子的行为反复发作, 便带他到医院心理门诊进行检查。之后, 被诊断患上了"创伤后应激障碍"("9·11"恐怖袭击后, 很多美国人患上的心理疾病)。家长一气之下找到了幼儿园, 要讨个说法。

案例分析

　　从本案例来看, 由于教师不良的教育手段, 严重伤害了幼儿的身心健康, 导致幼儿出现了创伤后应激障碍(PTSD)。创伤后应激障碍又称延迟性应激反应, 是由应激性事件或处境引起的延迟性精神障碍。患者一般在经历或目睹了极其令人害怕的事件或创伤后发病, 通常会持续惊恐并不断地回忆起那件令人煎熬的事情, 并表现得感情麻木, 尤其是对他们曾经亲近的人。

大部分 PTSD 患者会在夜晚的噩梦或白天令人不安的回忆中不断地重温创伤,这些噩梦和回忆忽来忽去,他们也许几周内没受其困扰,但之后又没有任何缘由地被其纠缠。与此同时,病人可能表现出睡眠障碍、抑郁、感情冷漠或麻木、易受惊等症状,对于曾经喜爱的活动也逐渐兴趣减退,并难以与人亲近。他们可能变得易怒,比之前更富有攻击性,甚至更暴力。看到能勾起那次回忆的事物后,患者会感到痛苦,这会让他们尽量回避那样的场所和情境。

从弗洛伊德的精神分析理论来看,成年后所患的精神疾病,往往和童年的创伤性经历有关。童年时打下的创伤性烙印,会给孩子将来的性格造成不良影响。早期的心理创伤会在创伤后数月、数年存在,甚至可能持续一生。心理创伤会使人产生"心理脆弱性",使幼儿在今后的生活中,心理承受能力降低,更容易罹患心理疾病。有研究表明,成人社交焦虑症的发生与童年时期所经历的创伤性事件密切相关,有可能阻碍幼儿日后的独立性、自主性等心理品质的健康发展,应该引起我们的关注。

据有关调查显示,在 17—28 岁的受访者中,近半数人有"幼儿园阴影",也就是说超过三分之一的人认为幼儿园经历对成年后的心理有影响;40%的人认为"幼儿园简直是童年阴影",60%的人称,自己或身边的孩子受到过体罚。"幼儿园教会了我闭嘴与沉默。顶撞老师的话不能说,尿了裤子不能说……3 年的幼儿园经历,让现在的我无力反抗一切不合理现象。"北京儿童青少年心理卫生中心主任郑毅认为,婴幼儿时期的心理健康问题,可能造成成年后的精神障碍。

在中华人民共和国国家教育委员会于 1990 年 2 月 1 日起实施的《幼儿园管理条例》第二十八条中规定:违反本条例,具有下列情形之一的单位或者个人,由教育行政部门对直接责任人员给予警告、罚款的行政处罚,或者由教育行政部门建议有关部门对责任人员给予行政处分:

(一)体罚或变相体罚幼儿的;

(二)使用有毒、有害物质制作教具、玩具的;

(三)克扣、挪用幼儿园经费的;

(四)侵占、破坏幼儿园园舍、设备的;

(五)干扰幼儿园正常工作秩序的;

(六)在幼儿园周围设置有危险、有污染或者影响幼儿园采光的建筑和设施的。

前款所列情形,情节严重,构成犯罪的,由司法机关依法追究刑事责任。

在 2006 年 12 月 29 日第十届全国人民代表大会常务委员会第二十五次会议修订的《中华人民共和国未成年人保护法》第三章《学校保护》中,第二十一条明确规定:学校、幼儿园、托儿所的教职员工应当尊重未成年人的人格尊严,不得对未成年人实施体罚、变相体罚或者其他侮辱人格尊严的行为。

 指导建议

1. 如果教师在教育教学活动中使用不良手段致使幼儿遭受身心创伤的,根据法律规定应给

予相应的制裁和约束。

2. 家长和教师在日常生活中应仔细观察幼儿的言行,以便及时发现幼儿的行为异常。如果受到创伤的幼儿没有得到及时妥善的治疗和帮助,会影响他们心理的正常发展。一些家长或教师在事故发生后,往往不能很快发现孩子的不良反应。有的孩子可能在事件发生后一段时间才出现问题行为(例如对幼儿的体罚造成的孤僻、恐惧反应),这可能导致家长和教师忽略幼儿的不良反应与创伤性生活事件之间的联系。

3. 幼儿园应对教职员工进行严格的岗前培训,并尽量聘用具有学前教育专业素养、幼儿教师资格证和品行端正的教师担任幼教工作者。

4. 幼儿园要发挥主导作用,教师主动与家长沟通幼儿成长过程中的问题,并提出合理化家园合作建议。

案例八　老师因事离开岗位之后

案例呈现

　　某幼儿园中一班,吃过午饭,主班老师和实习生在组织幼儿进行区域活动。幼儿园临时召开会议,老师让实习生临时带班。一幼儿上厕所时不小心摔倒在地,实习生把幼儿扶起来查看,没发现异常,便让幼儿继续活动。主班老师回班后,实习生把情况告知主班老师,老师立即对幼儿进行检查,没有发现外伤,四肢活动正常,幼儿也没有异常反应。午饭后,老师便安抚幼儿入睡。交接班时,由于老师疏忽,未将情况交接给下午班的老师。幼儿起床时,老师发现该幼儿穿衣服抬不起胳膊,便掀开幼儿衣服,发现右肩处红肿,随即将幼儿送到医务室。保健医生对幼儿做仔细检查后,建议马上到附近医院拍片检查。经查,该幼儿锁骨骨折。之后,教师通知幼儿家长,家长将幼儿领回。第二天,家长要求幼儿园承担幼儿住院费等一切损失和费用,还要求幼儿园和教师公开道歉。

案例分析

　　老师因事离开岗位后,把组织幼儿活动的任务交给一个没有资质的实习生带班,这说明幼儿园的规章制度存在疏漏,未能很好地束缚教师行为,而导致了幼儿的意外身体伤害。

　　2006年12月29日,第十届全国人民代表大会常务委员会第二十五次会议修订的《中华人民共和国未成年人保护法》第二十二条规定:学校、幼儿园、托儿所应当建立安全制度,加强对未成年人的安全教育,采取措施保障未成年人的人身安全。该案例中,教师在幼儿发生意外后,对幼儿受伤这件事不够重视,处理过于随意,而且在交接班时,也没有就该事件进行认真交接并对幼儿再次检查。

通常情况下,大部分幼儿受伤后确实都是皮外伤,但也不能排除个别幼儿会伤及内部,这种情况应引起教师重视。幼儿本身就活泼好动,自控能力差,如果是由于教师的责任心不强或是疏忽而导致幼儿没有得到及时治疗,这是家长们所不能接受的。所以对于每一个受伤的幼儿,教师都应该引起足够的重视,做仔细的检查。

 指导建议

1. 每年幼儿园都会接待实习生到园实习。实习生由于年龄小,没有实践工作经验,幼儿园不仅要在实习生入园初和整个实习过程中对其进行师德、幼儿生理、心理发展特点、幼儿园一日常规工作开展等方面的培训,也不能由实习生单独带班,哪怕只有一两个小时也是不可以的。幼儿园园领导在安排会议、教研等活动时要充分考虑到这一点。

2. 每一位教师都应树立以幼儿为中心、耐心、细心的工作态度,提高工作责任心,把细致的工作做在前,而不是出了问题后再去补救甚至推卸责任。如此,一方面可以使幼儿的健康成长得到保障,另一方面也让幼儿园的正常运转得到保障。

 案例九　你怎么打我孩子

案例呈现

一天,大一班曾阳杰的妈妈气冲冲地带着她6岁的儿子找到园长办公室。通过曾阳杰妈妈的述说,园长了解了事情的缘由。原来,她昨天接孩子回家后,在给孩子换衣服时发现孩子腿上有一大块淤青。经询问后,孩子说:是老师打的。这位家长生气地对园长说,要告老师虐待,接着大肆批评该幼儿园的制度,还说园里老师素质太差,居然打孩子。园长耐心地安抚这位家长,使她平静下来,并保证要认真调查此事并给予合理解决,家长这才悻悻而归。

园长随即向大一班老师了解事情的经过。老师说,曾阳杰在户外活动时,抢一名幼儿的玩具,在争夺中摔倒过。但当时孩子并没有异样,老师查看后也没发现异常,孩子爬起来就又跑去玩了。老师介绍,这个孩子平时总爱抢其他幼儿的玩具,户外活动不是打人就是咬人,在教学活动中也安静不下来,还影响其他幼儿。甚至有一次由于班里一名幼儿没和他一起玩,就在人家鞋里小便。老师也经常向孩子的妈妈反映,孩子妈妈常向老师道歉,但孩子一直没什么改变。

这个事件的发生,是由于教师没有把幼儿在园的表现及时与家长沟通,加之幼儿说谎而导致的结果。

1. 幼儿说谎是我们日常生活中常见的一种现象。幼儿说谎行为会对其将来正确道德观和社会责任感的形成产生不良影响。幼儿说谎行为的发展是幼儿社会化过程中的一个必经阶段。研究发现,2—4 岁是幼儿说谎的高峰期,但 6 岁以后,幼儿的说谎行为并未随着年龄的增长而增加,反而有下降趋势。从认知角度分析,说谎可分为无意说谎和有意说谎两种类型。无意说谎是说谎的初级形态,属无意识行为;有意说谎是说谎者为了达到某种目的而有意编织谎言并做出相应行为。有意说谎不一定是真正意义上的欺骗,而欺骗一定是有意行为,并伴有个性化特征,特别是刚刚萌芽时的有意说谎与欺骗有着本质区别。幼儿说谎,主要是幼儿记忆不精确而导致的。

2. 这是一个攻击性行为较强的孩子。攻击性行为指对他人的财产或人身进行直接破坏或攻击的行为,包括殴打、伤人、破坏物品、虐待他人或动物、抢劫等行为。在 4—6 岁时可表现为咬人、咬物、打人等,是儿童、青少年中一种比较常见的社会行为,它既影响儿童人格和品德的发展,又是衡量个体社会化成败的一个重要指标。有关研究表明:习惯性攻击行为可用来解释和预测犯罪行为;幼童的攻击行为出现的年龄越小,未来发展成反社会行为和犯罪行为的可能性越高;在各种情境中都出现攻击行为的儿童比在特定情境中出现攻击行为的儿童将来更可能出现反社会行为和行为偏差。儿童和青少年的攻击行为一般没有成人那样残暴,容易被忽视。但是随着社会中某些不良因素的发展和电视等宣传媒介的不良影响,社会中的暴力和其他类型的攻击现象正在以各种形式和途径逐渐向幼儿园、学校中渗透;再加上幼儿园、学校和家庭教育的某些局限及儿童、青少年心理和行为的特点,现在的儿童、青少年正在受到攻击现象的侵蚀,尤其是暴力行为正在逐年增加。儿童攻击行为的发生主要依赖于具体情境和认知水平,儿童缺乏信息处理的能力,因此,在社会交往中易出现由于归因偏差而产生的攻击行为。当然,家庭因素也不可忽视,比如:家长的溺爱或是家长自身就具有攻击性行为,那么儿童出现攻击行为很可能是极端任性或模仿成人的结果。因此,教师在日常活动中应该对幼儿进行有效教育,适当给予鼓励或是惩罚。

3. 教师缺乏经验,不能有效地与家长进行沟通,对家长工作处理不当。虽然教师之前向家长反映过问题,但并没有和家长认真商讨过引导幼儿的对策,甚至没有引起家长的注意,这直接导致家长对自己孩子认识不到位,没有反思自己的家庭教育方式,更没能对孩子进行有效的引导教育。

我国教育部在 2001 年颁布的《幼儿园教育指导纲要(试行)》中明确指出:家庭是幼儿园重要的合作伙伴。应本着尊重、平等、合作的原则,争取家长的理解、支持和主动参与,并积极支持、帮助家长提高教育能力。

 **指导建议**

1. 幼儿在活动时不专心,调皮捣蛋恶作剧,老师要满怀爱心和耐心,积极主动地对幼儿进行有针对性的教育,以灵活多样的方式激发幼儿参与活动的兴趣。

2. 教师和家长之间应实现有效的双向沟通。幼儿园的班级管理是离不开家长的理解、支持和参与的。老师和家长应加强沟通,以预防为主,减少幼儿说谎的机会。由于幼儿还处于生长发育初期,思想单纯,可塑性很强,受家长和老师的影响非常大。因此,家园联系应保持经常性。班级管理工作要取得效果,做好家长工作对幼儿园来说意义重大,必须与幼儿家庭及家长密切配合。只有在教师与家长经常联系沟通的情况下双方交换意见与心得,才能对幼儿进行配合一致的教育。

3. 事后,幼儿园和教师应主动联系这位家长,指出自己在处理这件事上的偏差,为没能够及时向家长说明情况诚恳道歉并取得家长的谅解。幼儿园应多站在家长的立场上考虑问题,对自身存在的问题要勇于承认并积极改正,然后心平气和地与家长一起商讨幼儿身上存在的问题,共同找到合适的教育方法,促使双方在幼儿教育观念、态度与教育方法上达成一致,家园共同努力,帮助和促进幼儿健康成长。

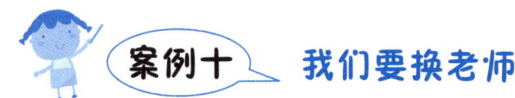 **案例十　　我们要换老师**

案例呈现

中秋节过后,幼儿园家委会的组长将一封联名信交到园长手上,信中反映了中三班李老师的情况,十几名家长在信上签了名。信中反映说:以前觉得李老师各方面还不错;但是这两个月以来,李老师对孩子的态度发生了很大改变:不如以前有责任心,也不愿意和家长沟通了,有时候表现还很冷淡,甚至有的孩子都不愿意上幼儿园了。家长们在信中得出结论:孩子不愿意上幼儿园,肯定是老师很凶、没耐心导致的。看完家长们的联名信,园长感觉和平时了解的李老师的情况有很大出入。这位教师是全园公认对孩子有耐心、细心的老教师,也是大家公认的师幼关系很融洽的教师,是什么原因使这位教师发生如此大的改变呢?

园长请家长们耐心等待,等了解实际情况后再给家长们满意的答复。之后,园长找到李老师进行细致的情况了解,并委婉地把家长的意见反馈给了李老师。原来,近阶段李老师工作压力大,最近正准备公开课,加之配班教师是一位新入职的老师,婆婆又生病住院等,多种原因致使李老师精神压力过大,在与家长沟通时表现得不尽人如意。

园长了解情况后,和李老师一起与家长们进行了沟通,说明情况并请家长们谅解。园长也向李老师道歉,称自己没有给予李老师帮助而使她影响了工作。李老师很受感动,表示会及时调整状态,不会影响园里正常工作。

案例分析

这则案例说明教师在与家长沟通时,没有传达一些正面信息而致使家长不理解,发生了对教师的信任危机。而园长的巧妙处理,有效化解了教师和家长之间的矛盾。

1. 家长是幼儿园的服务对象,家长有对幼儿园教育发表意见、提出建议的权利,幼儿园应虚心接受家长的批评,听取合理意见并及时进行修正。

2. 园长在处理问题时非常谨慎,既表现出对家长的理解,又维护了教师的工作,并及时调整了教师的工作方向。在家长反映问题时,园长没有立即答应家长的要求,一味迎合家长,也没有对家长的要求持拒绝态度,而是表示理解,并将自己准备进一步了解情况的意图反馈给家长。之后,园长尽快了解了情况,进而消除了误会。

3. 园长对教师的态度和行为也值得赞扬。当家长反映问题时,园长没有武断地否定教师的工作,而是尊重、信任教师,对整个事件进行深入调查。当发现教师教育方法不得当时,又与教师诚恳交谈,仍在尊重的前提下提出观点,给教师提供反思的机会,引导教师改正方法,调动教师的工作积极性。

指导建议

1. 与家长沟通,全面了解教师的工作和家长对教师的看法。

2. 安排家长开放日,让家长亲身感受教师的专业水平和师德表现,消除家长因道听途说或按照习惯思维而形成的错误归因。让家长眼见为实,亲身感受,以便作出客观的判断。

案例十一 为什么不准我们孩子玩

案例呈现

开学不久的一天,小三班董云飞妈妈突然来找园长,气愤地责问道:"园长,你们园老师怎么回事,罚我儿子不能玩! 这么小的孩子不让玩,这是什么教育方法? 当初我就是看准咱们园具有先进的教育理念,教师素质高,才把孩子送过来的,亏你们园还是一级一类园呢!"园长听后,请董云飞的妈妈先坐下,平心静气地谈一谈事情的来龙去脉。家长告诉园长:"昨天,我接孩子回家后,问孩子玩得怎么样,孩子说:'老师不准我玩。'园长,我的孩子这么小,哪能不让玩呢?"园长说:"我先了解了解情况,一定给您一个满意的答复。"

随后,园长找到小三班刘老师询问此事。刘老师向园长解释,董云飞总是冲撞其他小朋友,老师对他说:"你再淘气,就不准你玩了。"其实也只是让他在旁边安静地待了一会儿,孩子承认错误后就又让他加入活动中了。配班老师和保育员也向园长证实了这一情况。园长听后将事情的真相告诉了家长，并向家长道歉，家长听后也表示自己对幼儿的心理特点不了解，一时冲动给老师添麻烦了。

 案例分析

　　该案例表明，小班幼儿不能正确理解教师的话，把想象和现实相混淆，所以表达出来后引起了家长对教师的误会。同时，该案例也涉及幼儿园园长工作、教师工作、家长工作的开展。

　　1. 园长对幼儿园的性质和任务认识得非常清楚，对家长在幼儿园各项工作中承担的角色定位也非常准确。家长既是幼儿园服务的对象，又是幼儿园工作的合作者、监督者和评价者。案例中，园长能清晰地认识到这一点，积极主动地成为家长和教师沟通的桥梁，对待家长的态度和行为得当。当家长怒气冲冲地对教师工作发泄不满时，园长没有与家长针锋相对，避免了矛盾激化，更没有推卸责任，而是对家长耐心说服，恳求理解。所以，园长在解决问题时的表现是比较妥当的。

　　2. 家长到幼儿园不只是听幼儿园的要求、了解幼儿的在园表现，还有权利对幼儿园工作发表意见、提出建议。园长和教师应虚心接受家长的批评，听取家长的意见。

　　3. 园长找来刘老师，没有批评她，而是与她一道探讨教育技巧，并建议她主动向家长道歉。当家长反映教师工作的不足之处时，园长不是武断地否定教师，而是尊重、信任教师，深入实际，调查了解，给教师解释说明的机会，维护了教师的自尊心，使事情真相大白，同时又从中及时发现了教养工作中存在的问题。人是社会中的一员，生活在团体或组织中，都有被尊重、被承认的需要，这会直接影响人在团体组织中的工作积极性。满足教师被尊重、被理解的需要，充分调动教师的工作积极性是幼儿园管理者必须重视的一个方面。

 指导建议

　　1. 作为公益性服务机构，保教好幼儿、服务好家长是幼儿园的任务，其中保教好幼儿是基础、是主导，是设立幼儿园的根本目的，也是家长们最关心的问题。幼儿园也正是通过保教好幼儿为家长服务的。因此，当家长在保教工作方面有疑惑、要求时，园长和教师要尽可能耐心细致地帮助家长，较好地发挥幼儿园的社会职能。

　　2. 家长毕竟不是专业的幼教工作者，并不完全了解幼儿的心理发展规律、特点及相应的教育措施，教育观念可能不正确。有些家长受自身文化素养的限制，有时可能不太冷静，过于急躁、片面，提出的意见、要求可能不太合理。这时，园长和教师应理解包容家长，等待和帮助家长冷静下来，然后向家长摆事实讲道理，向他们介绍国家的教育方针，讲授相关的育儿知识等，引导他们树立正确的教育观念。如果家长提出的意见、要求合理可行，园长和教师就应积极采纳，并采取有效的改进措施。

案例十二 当两个孩子互相伤害后

案例呈现

　　幼儿园中一班的舟舟和丹阳是非常要好的朋友,经常在一起玩游戏、看书,睡觉的小床也挨在一起。有一天,两幼儿在游戏中为了一件玩具争执起来。在抢夺中,舟舟在丹阳的脸上挠了一下,立刻出现了一道血痕。丹阳也不示弱,抓住舟舟的手就咬了一口。由于孩子们并没有向教师报告这件事,教师完全不了解情况。直到双方家长来接孩子时,才发现各自孩子身上的伤痕。于是,双方家长争吵起来。教师听到争吵声,急忙进行调查和劝架疏导。可双方家长正在气头上,反而越吵越激烈。丹阳的奶奶对舟舟的妈妈说:"看把孩子脸上抓的,这么深的一道。如果我的孩子有什么闪失,咱们这事没完!"双方家长还抱怨教师没有看管好自己的孩子,并争吵着来到了园长办公室。

案例分析

　　这个事件是由于幼儿自由活动期间,教师没能有效地管理和组织幼儿的活动,且在幼儿发生争抢玩具、互相伤害时,没有及时发现并向家长解释事情的经过而造成的纠纷。

　　从幼儿方面来看,在幼儿社会性发展过程中,幼儿攻击性行为产生的直接原因主要是挫折感。正如上述案例呈现的情形,由于自己需要的玩具没有得到满足,而遭受挫折。挫折是人在活动过程中遇到障碍或干扰,使自己的目的不能实现、需要不能满足时的情绪状态。研究认为,一个受挫折的孩子很可能比一个心满意足的孩子更具攻击性。年龄小的幼儿较多因为物品和空间的争夺而产生攻击性行为。

　　从教师方面来看,在幼儿自由活动期间,教师应参与到幼儿活动中,仔细观察每个幼儿的行为,一旦发现问题应及时制止并了解事件的来龙去脉。当家长接孩子时,应首先向家长道明事情的原委。就本案例而言,由于教师在幼儿游戏中缺乏观察,没能及时对幼儿行为进行管理,导致两名幼儿产生争执并互相伤害,发现幼儿受伤应及时带到医务室查看伤情,并真诚地向家长解释。

指导建议

　　在幼儿园班级管理中,教师与家长的关系是共同配合的关系。从本质上说,幼儿园既是一个育儿的施教环境,也是家长与家长互相沟通、交流育儿经验的自然环境。家长工作是幼儿园工作的重要组成部分,是幼儿园完成教育任务、提高保教质量不容忽视的一项工作。所以针对该案例,园长和教师应从以下三方面着手开展工作。

1. 幼儿园获悉此事后,应立即开展补救与协调工作。园长首先应向两名幼儿的负责教师了解事情的来龙去脉,并检查两幼儿的伤势,详细了解事情发生的经过与两名幼儿在事情发生后的反应。判断是否对两名幼儿幼小的心灵也造成了一定程度的伤害。

2. 园长应代表园方向家长致歉,并把事情的原委向双方家长进行详细叙述,然后顺势引导家长,让家长意识到事情的僵化与双方家长的争吵对幼儿所产生的负面影响。尽力创设宽松、和谐的家庭关系,改变对幼儿过分保护、溺爱的态度,并给幼儿做出示范。

3. 教师应加强对幼儿的品德教育。《幼儿园工作规程》第二十六条规定,幼儿园的品德教育应以情感教育和培养良好行为习惯为主,注重潜移默化的影响,并贯穿于幼儿生活以及各项活动之中。因此教师应该认真学习和践行。

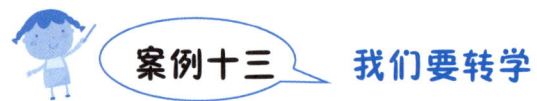

案例十三　我们要转学

案例呈现

大二班刘子扬的妈妈告诉老师,她想让孩子转园,理由是孩子在省级幼儿园学不了多少知识。她说:自己朋友的孩子和自己的孩子年龄相仿,人家孩子在一个私立园学了很多知识,能念很多儿歌,拼音也学得不错,还认识很多汉字,平时还有作业。怎么自己的孩子从来也没做过作业呢?同样上幼儿园,自己的孩子懂的太少了。当朋友们聚会时,看着别人家的孩子知道的那么多,自己着急得很,那种场面觉得很没面子。

案例分析

这种现象反映的是,部分家长将早期教育等同于早期智力开发,等同于提前进行读、写、算等技能训练和学业知识传授,以幼儿能识多少字、算小学几年级的算术题为标准来评定幼儿园的好坏。

当前,很多家长都同案例中这位家长一样,对学前教育存在认识误区。家长只看重表面上幼儿学了多少知识,把幼儿会写字、做算术、认拼音等作为量化幼儿园教学效果的重要指标。部分幼儿园受利益驱使,为扩大知名度和招生之便,一味迎合部分家长的错误观念,让幼儿提前学习读、写、算等课程,这种做法极大地违背了幼儿心理发展的特点和规律。

其实,幼儿在不同的年龄阶段,会表现出不同的发展特点和规律,具有不同的发展任务。2岁左右是儿童自我意识发展的关键期;2—3岁是口头语言发展的关键期和计数能力发展的转折点;

4—5 岁是口头语言发展的第二个质变期,也是学习书面语言的关键期;5—6 岁是数概念发展的转折点;3—5 岁是音乐能力发展的关键期;3—8 岁是学习外国语的关键期;2.5—3 岁是学习礼仪、规范的关键期;3 岁是培养儿童具备独立性的关键期;4 岁是儿童自我控制能力发展的关键期。家长应以幼儿心理发展的关键期作为依据去关注幼儿的学前教育效果,而不是用学会多少拼音、汉字和计算去衡量幼儿的身心发展水平。

指导建议

幼儿园应与家长互相配合,互相沟通,建立合作、和谐、一致、互补的关系,从而对幼儿的成长教育起到同步、和谐、一致、互补的教育作用。

1. 幼儿园应请家长直接参与幼儿园的各项活动,让家长了解幼儿园各项工作及幼儿在园的生活,教师也能了解幼儿在家的生活情况,以便及时捕捉幼儿近期的兴趣点和需求。通过各种各样的教育活动,如"家长开放日""亲子运动会""亲子出游""科技制作节"等,使家长看到幼儿的成长和进步,也让家长学会用加德纳的多元智能理论考量幼儿存在的个体差异。使家长认识到,每个幼儿各有所长,不应用简单的"比较"的观点看待不同幼儿之间的差异,要和教师一起探索在日常生活中如何针对幼儿的身心发展特点施加积极有效的影响。

2. 由于教师与家长所处的位置不同,有时对某些问题的认识和看法也不同。在这样的情况下,教师要在方式上灵活多变,讲求实效,就事论事地帮助家长,把自己的看法向对方表达清楚,而不急于下结论。在相互尊重和理解的基础上达成教育共识。

3. 幼儿园应指导家庭教育,让家庭教育支持、强化幼儿园教育。如成立家长委员会,让家长通过"助教"角色,参与班级管理;召开经验分享会和家长沙龙,让家长教育和影响家长;组建家庭活动小组,开展多层次的闲暇活动;上好家长开放日的汇报课等。总之,幼儿园可通过各种家园合作活动,帮助家长建构健康、正确的学前教育观念,形成和谐、信任的合作氛围,使得家长成为教师的合作伙伴,使家长与教师、家庭教育与幼儿园教育互相接纳、融洽,互帮互长,合力促进每一个幼儿的发展。

第三章

园所与班级管理和谐一致
案例诊断与分析

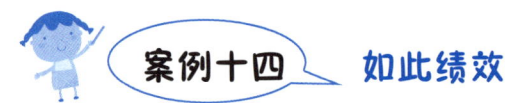

案例十四　　如此绩效

案例呈现

　　根据上级工作精神,幼儿园从本学年度开始进行绩效工资发放,而且规定,绩效工资必须体现"倾向一线,多劳多得"的原则。园长根据教师平时的工作表现以及上年度的考核成绩,制定了幼儿园的绩效工资发放方案。在方案公布前,园长召集园委会及教研组长开会进行了商讨,根据他们的意见和建议对方案进行了修改。但方案公布后,还是在园内激起了很大的波澜。具体有以下几种情况:1.应考虑教师的年龄因素,因为幼儿教师特殊的职业特点,有些活动受到年龄的限制不能参加,势必会使考核成绩受到影响。2.上年度的考核方案存在不合理之处,所以成绩不能当成绩效发放的依据。3.请假多的教师反映,考勤已经在考核中有了体现,在进行绩效工资发放时,不应重复体现。4.因为上级原因,工资没有到位,幼儿园应考虑到这一因素。种种反应在教师中掀起波澜,影响了正常的教学秩序,也有教师直接找到园长进行反映。园长根据出现的情况,分别有针对性地进行了个别谈话,详细地向他们解释了方案的内容和指导原则。

案例分析

　　从该案例来分析,矛盾的根本问题就是领导者与被领导者的关系问题,恰是这种关系问题,直接决定了幼儿园的工作状况。

　　1. 因为幼儿园在原来的工资发放过程中没有与工作效果挂钩,第一次将工作与自己的切身利益挂钩,许多老师觉得措手不及,很不适应。

2. 与园长的决策方式有直接关系。在绩效工资发放方案出台前,需要教职工参与民主决策,找到令人较为满意的方案。职评会与教职工利益相关,因此教职工的参与积极性一定很高。

3. 领导权变理论认为,领导的有效性既不完全取决于领导者的人格特质,也不完全取决于某种领导行为,而是取决于领导方式或领导行为是否能与特定的领导情景相匹配。领导的三种主要情景变数有领导者与下属的关系、工作结构、领导者的地位和权力。在居中的领导情境中,关系导向型领导更有效。可见,领导与下属的关系始终会影响领导的有效性,只不过在不同的情境中影响的程度不同。因此,园长应与教职工进行有效的沟通。

4. 领导合理处理教师工作与待遇的问题,将直接决定幼儿园的工作状况。幼儿园的管理工作本身就是做人的工作,只有做好人的工作,园长才能发挥领导职能,调动教职工工作的积极性。在管理中,采取强权的管理方式是消极的办法,只能引起对立情绪。幼儿园是一个共同体,教职工是幼儿园的重要成员,教职工的积极性直接影响幼儿园的教学情况和今后的发展状况,只有搞好与教职工的关系,才能保证政策的实施。

 指导建议

1. 园长首先应明确自己的角色——组织沟通的促进者和统筹者,并确保沟通线路不被打断。园长应积极与教师进行沟通,处理好与教师的关系,认真分析自己工作中存在的问题,主动找教师谈心,以坦诚获得教师的理解,从而让她们去寻找自己的不足,理解园长工作中的难处,自愿化解矛盾。与此同时,园长要鼓励教师理清思路,自觉地让自己从困惑中走出来。

2. 从工作出发,尽可能考虑教职工需要。幼儿园虽然实行园长负责制,但这并不意味着园长可以随心所欲,依照个人主观意愿行事,也不能把对人的管理当成对人的限制约束。以人为本,处理好管理者与被管理者的关系,尽可能调动、激励人的积极性,才能有效地行使其决策指挥权,促进各项决策的贯彻实施,最终促进幼儿园的发展。

3. 遵循“人本管理”与“制度管理”相结合的原则。调动人的积极性关键是科学地满足其需要。作为园长应多听、善听教职工意见,体现“人本管理”和“管理艺术”,提高教职工主体地位,做到事事出于公心,以理服人,以情动人,以德增威,让教职工在快乐的工作环境中努力工作。园长做到这些,自然会受到人们的敬重。

4. 在日常工作中,应加强教师工作与待遇间的关系的教育。园长应引导教师树立多劳多得的意识,逐步增加工作在工资中的体现。对于年龄大的教师,既要在工作中多照顾又要激发他们的工作热情,让他们将自身的热量发挥出来;对于年轻教师,在平时的工作中,要多提醒,多督促,树立正确的工作目标,激发他们的进取心和敬业精神。对于教师的切身利益,园长要及时与上级沟通,帮助教师解决困难,排忧解难。

案例十五　一次转岗的经历

案例呈现

　　学期末的一个下午,园长在常规巡查时发现,小一班的孩子们正在进行区域活动,而保育员小王老师正在用手机上网。小王老师看到园长,很难为情,马上说:"园长,这是我第一次在园里玩手机,以后不会了。"随后,园长约小王老师做了一次交心的谈话,了解到小王老师刚学会网上购物,当时正在兴头上,遇到一些问题正向男朋友请教。

　　园长听后,肯定了小王老师的好学精神,并指出如果把这种好学精神放到钻研业务上,肯定能取得好成绩。又指出,上班期间干私事,不仅违反了园里的规章制度,还极有可能引发不堪设想的后果,尤其对于小班幼儿。

　　原本小王老师本学期末就可以由保育员转为教养员了,她平时工作一直很努力,虽然工作表现不是最出色的,但也没出现过什么差错。可自从交到男朋友后,学习和工作的积极性有所下降,多次被家长反映工作态度有问题,主班老师找她谈过几次话,收效甚微。

　　针对小王老师的表现,园长向主班老师、教学主任了解了她平时的工作情况,又召开园班子会议,针对小王老师的问题进行讨论并提出处理意见。最后,根据年终考核以及园里的规章制度,决定把小王老师的转正时间延后一年,小王老师没有提出异议。园长又带领全园老师重新学习园里的规章制度,讨论如何做一位师德高尚的幼儿园教师。

　　在以后的工作中,小王老师积极认真,利用业余时间加强学习,参与教研活动,观摩老教师的公开课,虚心向有经验的教师请教,进步非常大。在又一次年终考核中,经园考评小组的讨论研究决定,批准小王老师转成教师岗位。

案例分析

　　这个案例主要反映了人力资源管理中绩效考核、激励机制和沟通方式等的综合运用。这三者都是人力资源管理活动中必不可少的手段。

　　绩效考核是指采用一定的考核方法,考核员工在一定时间与条件下完成某一任务所表现出的工作行为和所取得的工作结果。绩效考核是人力资源管理的关键环节,只有运用科学方法对员工进行绩效考核,才能有效达到改善员工行为和管理员工的目的,从而激发员工的工作热情,开发员工的工作潜质,最后达到员工的业绩最优化。绩效考评贯穿于管理过程的始终。要想有效地开展绩效考评,必须具备以下三个基本前提条件:

　　1. 必须要有明确的绩效考评标准。考核标准要明白、准确、客观。

　　2. 必须要有完整的信息。对员工进行绩效考评,就必须充分掌握相关信息,这些信息必须能够全面、准确地反映员工的实际状况与预定标准之间的差异程度。信息不完整,就不能形成有效的绩效考评。所以,绩效考评必须要有足够的、准确的信息供给。

3. 选择适合的考核方法。根据一定的考核目的、考核对象等选择正确的考核方法。

本案例中,园长遵循明确化、差别化、及时的原则,针对小王老师由最初的"认真努力"到后来的"缺乏耐心和良好的工作态度"等问题,通过巡班、细谈、调查等方式,收集了大量信息。而后,又通过园班子会议公开、客观、明确、及时地针对小王老师的问题进行讨论,按照规章制度,给出讨论意见,使得小王老师心服口服,并能认识到自己的错误,最终取得了较好的考核结果。因此,园长对问题的处理方式充分体现了人力资源管理中绩效考核的要求和标准。

此外,人际沟通是人力资源管理的第一技巧。幼儿园的工作与沟通分不开,有效的人际沟通技巧包括语言沟通技巧和非语言沟通技巧。在管理活动的众多因素中,人是最活跃的要素,是统领其他一切因素的灵魂与核心。通过沟通,不仅能使教师明确自己的工作职责,也能了解教师的工作努力程度。比如本案例中,园长和小王老师进行了认真细致的交谈,先肯定其工作,又指出她工作中的错误行为和由此可能造成的危害。而后,又与园考核小组、主班教师、教学主任进行了沟通,针对小王老师的问题,有针对性地进行激励,充分调动其积极性,促使其尽快改正错误,回到教师工作岗位上来,达到了良好的沟通效果。这也体现了园长及时、信任、准确的沟通原则。

 指导建议

1. 园领导在人力资源管理活动中,要深入体察教师的心理需求。

2. 园领导要遵循"以人为本"的原则,进行沟通、激励,有针对性地建立教师激励机制,做到有章可循,有效解决教师中的各种问题,使教师在被信任、被尊重的基础上获得成长。

 案例十六　关于幼儿教师的仪表

案例呈现

在一次全园教师会议上,园长发现蒋老师将头发染成了紫红色,且衣着、妆容也过于时髦。园长很生气,当场批评了蒋老师。谁知蒋老师竟然情绪激动地与园长争执起来,最后还气呼呼地走了。蒋老师认为园长不了解情况就在全员大会上点名批评她,太过武断。而园长则认为作为一名幼儿教师没有简洁大方的仪表,十分不妥。

事后,园长了解到,教学主任已经于前几日批评了蒋老师,蒋老师也接受了批评,并表示抽时间一定把头发染回来。但由于这段时间园里工作很忙,加上要迎接上级部门的检查,晚上时常加班加点,一直没能抽出时间去染发。没想到园长会在全园大会上点名批评,蒋老师

认为这是在故意刁难自己。

了解到这些情况后,园长亲自找到蒋老师,当面向她道歉,表示自己没有做深入调查了解就批评人,方法不当。蒋老师也表示,这些天因为班上有位老师请假,工作很多,本想等抽出空来再去染发,还没等去,园长就点名批评了,当时实在接受不了。现在园长亲自来道歉,就说明不是有意和自己过不去,自己今后一定注意仪表。听了这些,园长特意让蒋老师按时下班去染头发。

第二天,当园长见到蒋老师时,发现她的头发已经恢复了本色,衣着既整洁又朴素大方。

 案例分析

本案例中,园长与教师之间的沟通障碍主要是心理性障碍。解决问题的关键在于沟通。在管理工作中,上下级之间的沟通会面临许多障碍,如认知性障碍、语言性障碍和心理性障碍。认识性障碍是因为对同一事物的理解差异造成的沟通障碍;语言性障碍是因沟通双方所用语言的差异造成的沟通障碍;心理性障碍是由于沟通双方个性倾向与个性心理特征的不搭配造成的沟通障碍,如性格的差异、兴趣需要的不同等。本案例中,园长忽视了教师有获得尊重的需要,而这位教师个性又很强,爱面子,才导致了矛盾的发生。

蒋老师不注重自己的教师形象,作为园长,理当予以批评。但应考虑到对方的自尊,类似情况或许在其他教师身上也发生过,不宜贸然指责,否则会让其产生逆反心理,甚至会产生对抗情绪。园长不了解当时班级情况和这位老师爱面子的个性特点,在全园大会上当众批评她,因而导致了矛盾。

根据马斯洛的需要层次理论,人有生理需要、安全需要、爱的需要、尊重的需要和自我实现的需要,其中尊重的需要又可分为内部尊重需要和外部尊重需要。内部尊重需要是指一个人希望在不同情境中有实力,能胜任,充满信心,能独立自主。外部尊重需要是指一个人希望有地位,有威信,受到别人的尊重、信赖和高度评价。马斯洛认为,尊重需要得到满足,能使人充满信心,对社会满怀热情,能体验到自己活着的价值。由于园长忽视了蒋老师对尊重的强烈需要,导致了蒋老师的不满。在管理工作中,领导必须了解每位教职工的需要,并尽可能予以满足。低级需要容易满足,如按时发工资、给教职工提供各种生活保障并提高他们的福利,但像尊重这一高级需要就容易被领导忽视,而这会导致教职工的工作积极性受到挫伤。

作为领导者,树立自己的威信不能单纯依赖权力性影响力,非权力性影响力有时会收到更好的效果。非权力性影响力是领导干部自身素质形成的一种自然性影响力,它通过具体小事体现领导者的品德、才干和能力,它既没有正式的规定,也没有上下级授予形式,更没有命令与服从的约束力,但其影响力却比权力性影响力更广泛、持久。大量事实表明,领导者影响力中起重大作用的是其影响力、感召力、吸引力等非权力性影响力。园长在意识到自己的过失后,能够真诚地向蒋老师道歉,有效地与蒋老师沟通,便是非权力性影响力在发挥作用。

指导建议

1. 园长在错误面前的坦诚态度,不仅能使他获得教职工的信任与尊重,更利于他和教职工之间良好的沟通交流,也能满足教职工对理解和尊重的需要,使大家能够心情舒畅地工作。

2. 管理工作的关键在于领导者,领导艺术的核心在于激励下属的积极性。调动教职工的工作积极性是幼儿园领导的经常性任务。优秀的领导者一定要明白教职工的工作积极性从何而来,并且要善于使用各种手段调动教职工的主动性和创造性。这就需要园长对全园工作了如指掌,对每位教职工的个性、脾气等特点做到心中有数,能针对每位教职工的个性特点"对症下药"。

3. 在管理过程中,为了消除园领导与教师之间的心理障碍,使双方沟通顺畅,可尝试以下四种沟通方法。

(1)心理平衡法:在沟通过程中因自己的言行过失而使对方的心理受到伤害,应采用适当办法纠正,使对方心理得到补偿与平衡。

(2)因人而异法:根据人的不同心理素质和性格特征,采用不同的方法进行沟通。

(3)感人法:用真诚的语言或行动与对方沟通,要求"诚"与"情"密切配合,同时还必须伴以虚心,否则难以取得对方的信任。

(4)近人法:通过消除各种诱发心理障碍的因素,营造平等氛围,使双方在心理、感情上能够接近。

4. 现在幼儿园年轻教师偏多,每个人都有美的需要,幼儿园可以在全园进行"职业与仪容着装"的专题学习,提醒教师什么样的仪容和着装才符合幼儿教师这一职业的要求。

案例十七　　该不该给李老师评优

案例呈现

　　李老师在幼儿园已经工作了8个年头,她工作认真负责,关心幼儿,平时非常关注学前教育前沿动态,积极参与教科研课题研究,对学前心理学、教育学以及五大领域的活动设计很有研究,在组织教育活动时,会把这些理论灵活运用到实践中去。业余时间,她经常用各种方法与幼儿家长联系沟通,赢得了幼儿的喜爱和家长的信赖,与幼儿、家长的关系非常融洽。

　　但是,李老师除了在教研活动时与老师们接触外,其他时间很少与同事交流,与大家在工作上的配合也不太积极。李老师认为:各教各的学,把自己分内的工作做好就行了,教学成绩全靠自己的本事。对于其他教师对自己的议论,李老师也不放在心上。教学主任曾给

她提过建议,指出她在与老师们的人际关系中存在的问题,并帮她进行分析,但她并不采纳。因此,每到年终评优时,李老师总得不到提名。

今年园里新来了一位园长,在临近评优工作时,新园长听取其他领导和老师对李老师的评价后,对李老师进行了综合考量。新园长认为,李老师虽然在人际关系方面存在问题,但在教学活动中具有创新精神,工作态度认真,师幼关系和与家长的关系都很好,8年来没有出现过任何失误,所以欲推选李老师为优秀教师。对于这个决定,其他老师意见很大。

 案例分析

新园长的决定体现了在管理决策中,任何人的付出都应得到相应回报的原则。合理的激励、评价和薪酬是人们产生工作动机的前提条件,也是影响和决定人们劳动态度与工作行为的重要因素。

教育管理激励,就是在教育管理工作中,激发和鼓励人们朝着期望目标所采取的行动过程。在幼儿园,提高教育教学质量的关键在于教师,教师的工作状态是衡量教育管理工作效果的重要指标之一。心理学家詹姆士认为:人最本质的需要就是渴望自己被别人肯定。从动机来看,人都需要自我肯定、争取荣誉。提高员工满意度是提高劳动生产率的首要条件,高满意度来源于物质和精神两种需求。梅奥认为,在决定劳动生产率的诸因素中,置于首位的因素是员工的满意度,而生产条件、工资薪酬只是第二位的。员工的满意度越高,其士气就越高,生产效率也就越高。因此,幼儿园园长慎重地考量了李老师的综合表现,给予了荣誉支持,领导的理解和尊重很可能换来了李老师更好的工作状态和更强的工作动力,这对提高教育教学效果有很大的好处。

其他教师和家长对李老师的反映,体现出李老师的教学水平是毋庸置疑的,所以从教学水平、工作量上来讲,李老师获得这个优秀教师的称号是理所应当的,同事之间关系的好坏不是影响其评优的主要因素。园长没有因为个人性格特质而否定李老师的工作成绩,剥夺她获得优秀教师称号的权利,而是从教师的教育管理理念和幸福感出发考虑,给予了李老师这个荣誉称号,其他老师有意见是没有道理的。

管理是讲究艺术的,对人的管理更是如此。美国著名管理学家西蒙曾说过:管理工作的关键在于领导者,领导艺术的核心在于激励下属积极主动地工作。具有成熟智慧的管理者会认为尊重他人比表现自己渊博的知识更重要。适时地赞誉、肯定别人也是管理中极为有效的手段。在公开场合对有贡献的员工给予恰当的称赞肯定,会使员工增强自信心和使命感,从而努力创造更佳的业绩。采用"与人为善"的管理方式,不仅有助于营造和谐的工作气氛,而且可以提高员工的满意度,使其能继续坚持不懈地为实现企业目标而努力。

针对李老师与其他老师人际关系不融洽的问题,可以从影响人际关系的因素等方面进行分析:

1. 认知偏差。在人际交往中,如果没有正确的认知,就会影响人与人之间的正常交往。认知

偏差主要有两种：对自我的认知偏差和对他人的认知偏差。对自我的认知偏差又包括两种：一是过高估计自己，孤芳自赏；二是自我评价过低，自轻自贱。显然李老师属于第一种。李老师认为自己教学工作很出色，不需要别人的帮助，这难免让同事们与她疏远，给人一种自命清高的感觉。

2. 个性特质。个性品质常会影响人与人之间的交往。良好的个性品质是人际关系的基础。社会心理学家认为，那些不尊重他人、以自我为中心、过分自卑的个性品质容易阻碍人与人之间的吸引，不利于人们的团结与协作。李老师个性较强，不善与人沟通和交流，导致阻碍了良好人际关系的建立。

3. 态度的类似性。人与人之间若对某人或某种事物有相似的态度，如有共同的理想、信念、价值观或兴趣爱好等，就容易引起彼此间思想上的共鸣与行为上的同步，形成密切的关系。俗话说"物以类聚，人以群分"，人以群分的基础就在于他们对事物是否有相同的态度。"相见恨晚"，就是态度相似性在交往上的表现。在李老师的人际关系问题上，也不排除因其业务扎实、突出而使同事们有意疏远的可能。

4. 交往频率。交往频率是指人们在单位时间内相互接触的次数。一般交往频率越高，越容易形成共同的经验，产生共同的语言和感受，即交往频率与人际关系的密切程度呈正比关系。反之长久不交往，关系就逐渐疏远。在与同事们的关系中，李老师因与其他同事交往频率较少而导致了关系的疏远。

指导建议

1. 李老师应适当改变自己对待同事的态度和特立独行的个性特点，学会接纳同事，尊重他人。作为一位中年教师，李老师要做好传、帮、带的工作，把自己的好经验传授给其他同事，共同努力把教育教学工作做好。其他老师也应尊重李老师的性格，给予理解和包容，给她时间和机会融入集体中，互相学习，共同进步。

2. 园长应优化幼儿园的人际环境，创造机会与条件，为教师之间的感情交流提供空间和媒介，建立和疏通教师间的信息沟通渠道。如开展一些集体活动，使老师们通过活动增加对彼此的了解和理解，这样会更有利于幼儿园教育教学工作的开展。此外，还要鼓励大家合理竞争、互帮互助、和谐相处，只有在良好的工作氛围中，使大家保持愉悦的情绪状态，才有利于教师的成长和幼儿园的良性发展。

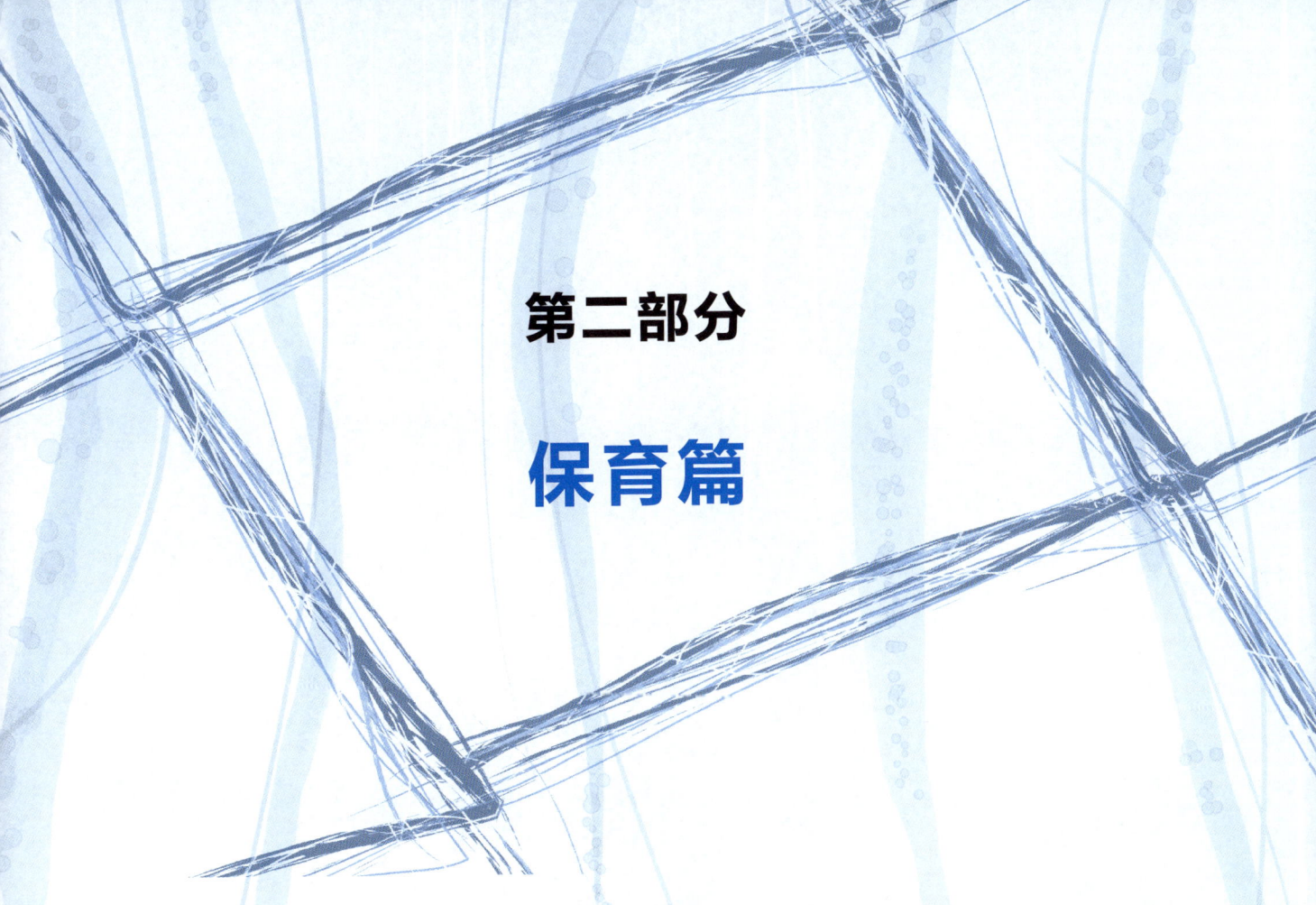

第二部分

保育篇

　　保育工作是幼儿园工作的生命线,是幼儿园赖以生存的前提,保育工作也是教育工作的基础,是幼儿健康成长的保障。《幼儿园教育指导纲要》的总则中明确指出:幼儿园教育应尊重幼儿的人格和权利,尊重幼儿身心发展的规律和学习特点,以游戏为基本活动,保教并重,关注个别差异,促进每个幼儿富有个性的发展。《幼儿园工作规程》也明确指出:幼儿园的任务是:实行保育与教育相结合的原则,对幼儿实施德、智、体、美诸方面的教育。由此可见,保育工作在幼儿园各项工作中是一个举足轻重的方面。

　　有资料表明,人是所有动物中依赖父母生存时间最长的动物。不仅婴儿离开成人的照顾无法独立生活,而且三岁的幼儿仍不具备独立生存能力,需要成人提供必要的物质条件。在幼儿园工作中,培养幼儿良好的生活、卫生等习惯,孩子将终身受益,反之则终身受其害。

　　然而,在现实工作中教师对待保育工作看法不一:有些幼儿园教师认为保育远不如教育重要,对教育活动、观摩课、公开课、各种比赛活动等教育工作看得至关重要,对幼儿的冷热、饥饱、精神状况等保育工作看得淡一些;还有一些教师认为保育工作虽然重要,但也很简单,只要严格要求幼儿统一行动,就不会出什么乱子;也有一些教师对保育工作的具体要求不够了解。这些都严重影响了保育质量,也影响了教育质量,成为影响幼儿健康发展的障碍。

第四章

班级餐饮（含服药）环节管理
案例诊断与分析

案例十八　老师,我还吃

案例呈现

　　最近小二班的白老师发现苏渊博小朋友每次吃饭时都会快速地吃完碗里的,再把小手举得高高的,对老师大声喊:"老师,我还吃!"吃完以后,还会再次对老师大声喊:"老师,我还吃!"即便小肚子已经吃得鼓鼓的了。而苏渊博小朋友的妈妈向老师反映:发现孩子近几天腹部好像有胀气的现象,舌苔也比较厚。经了解,苏渊博小朋友的爸爸妈妈最近工作忙,经常晚上加班,所以把农村的奶奶接来照顾孙子。经过询问,苏渊博小朋友告诉老师,是奶奶告诉自己"每次吃完碗里的饭都要对老师说还要吃"。老师和妈妈与奶奶沟通后,奶奶不好意思地说出原因:"交了好多饭钱,只有多吃,才能把本儿吃回来。"

案例分析

　　案例中苏渊博小朋友是由于多食引起的积食。而引起积食的原因是祖辈认为交了饭钱就要多吃。

　　幼儿吃多了肚子胀不消化,长期下去就会出现积食的症状。小孩积食,也就是消化不良会影响胃肠道,影响幼儿的生长发育。积食易引起以下症状:损伤幼儿的脾胃,舌苔厚且白,鼻梁两侧发青,导致胃肠疾患;腹胀,大便硬结或腹泻,如食积日久,会造成小儿营养不良;长期积食,会影响生长发育,导致反复感冒、咳嗽,甚至肺炎。

35

老一辈儿的人由于历史原因吃过不少苦,甚至早年可能忍饥挨饿,故而担心自己孙子在幼儿园吃不饱;也有的老人有占便宜的心态,认为吃得多就沾光了。

 指导建议

1. 理解祖辈一些做法,有针对性地开展讲座,同时建议幼儿祖辈、父辈做好沟通,保持一致性。

2. 教师认真巡视幼儿进餐并记录进餐情况。

3. 对进餐快或慢、少食或多食、肥胖、体弱、有过敏史的幼儿,教师要尊重个体差异,区别对待,并做好记录,及时与家长沟通。

案例十九 药喂错,谁之过

案例呈现

某幼儿园中一班小朋友丹丹有点咳嗽并伴有低烧,张老师马上通知家长。丹丹的妈妈带丹丹去了医院,诊断为扁桃体发炎引起的发热,医生给开了消炎药和退烧药。

第二天早上,由于丹丹妈妈要早早赶去单位开一个紧急会议,便由熟悉的邻居帮忙带丹丹去幼儿园,邻居把退烧药也一起转交给老师。

保育员李老师按这位家长说的将两包药分别在早上和中午给丹丹喂服。但是下午两点钟,老师发现丹丹一直睡不醒。于是,马上叫来了保健老师。医生问明情况,确诊是超剂量用药引起的,立即将丹丹送往医院。

因抢救及时,丹丹平安无事,但丹丹家长坚持要求幼儿园承担花去的所有医疗费用。

幼儿园是否应承担这起药物中毒事件的责任呢?谁来负责幼儿在园期间的服药工作?

 案例分析

该案例反映的是,某园混淆了保育员和卫生保健人员的责任而导致幼儿误用药物引起了药物中毒,并引发了责任处理纠纷。

《幼儿园工作规程》对幼儿园各岗位职责做出了明确规定:

幼儿园教师对本班工作全面负责,其主要职责如下:

1. 观察了解幼儿,依据国家有关规定,结合本班幼儿的发展水平和兴趣需要,制订和执行教

育工作计划,合理安排幼儿一日生活;

2. 创设良好的教育环境,合理组织教育内容,提供丰富的玩具和游戏材料,开展适宜的教育活动;

3. 严格执行幼儿园安全、卫生保健制度,指导并配合保育员管理本班幼儿生活,做好卫生保健工作;

4. 与家长保持经常联系,了解幼儿家庭的教育环境,商讨符合幼儿特点的教育措施,相互配合共同完成教育任务;

5. 参加业务学习和保育教育研究活动;

6. 定期总结评估保教工作实效,接受园长的指导和检查。

幼儿园保育员的主要职责如下:

1. 负责本班房舍、设备、环境的清洁卫生和消毒工作;

2. 在教师指导下,科学照料和管理幼儿生活,并配合本班教师组织教育活动;

3. 在卫生保健人员和本班教师指导下,严格执行幼儿园安全、卫生保健制度;

4. 妥善保管幼儿衣物和本班的设备、用具。

幼儿园卫生保健人员对全园幼儿身体健康负责,其主要职责如下:

1. 协助园长组织实施有关卫生保健方面的法规、规章和制度,并监督执行;

2. 负责指导调配幼儿膳食,检查食品、饮水和环境卫生;

3. 负责晨检、午检和健康观察,做好幼儿营养、生长发育的监测和评价;定期组织幼儿健康体检,做好幼儿健康档案管理;

4. 密切与当地卫生保健机构的联系,协助做好疾病防控和计划免疫工作;

5. 向幼儿园教职工和家长进行卫生保健宣传和指导;

6. 妥善管理医疗器械、消毒用具和药品。

由于环境恶劣、饮食安全等缘故,加之幼儿年龄小,抵抗力差,幼儿在园期间生病会出现需要服药的情况,服药安全是幼儿园教师需要特别注意的问题。从以上条文中不难发现,《规程》明确规定,幼儿服药工作应是保健人员全权负责的。该案例中,园方就是混淆了保育员和保健人员的职责而导致了幼儿的药物中毒,所以对这起事件负有不可推卸的责任。

指导建议

1. 幼儿园加强幼儿药品管理,由医务人员统一管理,并建立幼儿用药审查登记制度。

2. 小型幼儿园由保健员亲自喂药,大型幼儿园在保健员指导下由保育员喂药,以有效避免药物中毒事故的发生。

3. 药物放置到幼儿不能摸到的地方。

4. 要求幼儿父母在药物包装上写清楚孩子姓名、药物名称、服药时间及药量。

表 4-1　幼儿园幼儿服药统计表

班级：　　　　　　　　　　　　　　　　　　　　　　　　　　　　　　　　　　　　时间：年　　月

日期	姓名	药物名称	服用剂量/时间	服用方法	喂药签字	监督人
			早餐:前□　后□ 午餐:前□　后□	冲服/口服/含服		
			早餐:前□　后□ 午餐:前□　后□	冲服/口服/含服		
			早餐:前□　后□ 午餐:前□　后□	冲服/口服/含服		
			早餐:前□　后□ 午餐:前□　后□	冲服/口服/含服		
			早餐:前□　后□ 午餐:前□　后□	冲服/口服/含服		
			早餐:前□　后□ 午餐:前□　后□	冲服/口服/含服		

班主任签字：

表 4-2　幼儿园幼儿服药委托书

幼儿姓名		所在班级			服药日期		
用药原因	□ 咳嗽	□ 流涕	□ 鼻塞	□ 咽痛	□ 腹痛	□ 腹泻	□ 结膜炎
	□ 发热　℃	□ 其他					
服药时间	早餐后	午餐前	午餐后	其他(请详述)			
药物名称	实际单次服用剂量		说明书上的单次剂量			剂量不符 家长签字	
过敏史				注意事项			

备注:1. 幼儿必须在园服药时,请家长正确填写《幼儿服药委托书》,并把每次药量准备好一起交给老师,教师会按照家长填写的《幼儿服药委托书》为幼儿喂药,如发生不良反应,由家长自行负责。为了幼儿的身体健康,抗生素、保健药品、成分不详无外包装的药物我园概不接受。2. 当实际服用剂量与说明书服用剂量不符时家长必须确认签字,并附上医生处方。3. 药物的名称要写全称,若未交付服药委托书或填写不清楚时,恕不喂药,敬请见谅。4. 本幼儿服药委托书自行复印或从各班家长微信群下载打印。

家长签字:　　　　　接药老师:　　　　　　　　　　　　喂药老师:

第五章

班级如厕环节管理
案例诊断与分析

案例二十 **大便拉在裤子里之后**

案例呈现

　　浩浩是幼儿园一名小班幼儿。某日中午进餐时,浩浩想大便,但不敢跟教师说。周围幼儿闻到臭味,向教师报告:"老师,浩浩往裤子上拉大便了。"听了幼儿的报告,教师马上拉长了脸,边走过去边大声斥责浩浩:"上午你刚尿湿裤子,这会儿你又把大便拉在裤子上,你怎么大便拉在哪里都不知道,臭死了!"全班幼儿哄堂大笑。第二天早晨,浩浩赖床不起,哭着说不想上幼儿园了。经妈妈观察,浩浩并未出现感冒发烧等不适症状。几经询问,浩浩才道出原委:他怕又在幼儿园尿裤子、拉大便……

 ## 案例分析

　　本案例中,教师当众处理浩浩便污裤子的过程缺少耐心,态度粗暴,损伤了浩浩的自尊心。遗尿遗便是小班幼儿的常见现象,有些小班幼儿还没有建立起良好的排便习惯,在幼儿园一日生活中随时都有排泄的可能。此时,幼儿原本就感到很难为情,再加上教师的当众指责会使他更加难堪,产生焦虑情绪,从而不愿上幼儿园,增加心理负担以及影响心理健康发展。幼儿在园遗尿遗便可能由多种原因引起:

　　1. 由身体特点导致遗尿遗便。幼儿神经系统和泌尿系统发育不完善,储存尿液和控制排尿能力较差,小便次数相对较多。控制排尿的神经中枢发育尚不完善,容易出现无意识排尿。

　　2. 因环境改变导致焦虑情绪引起遗尿遗便。对于小班幼儿来说,从家庭进入幼儿园,生活环境发生了变化,幼儿还不够适应,在心理上易形成一定的压力。其中,幼儿园如厕的方式和家庭有较大差异,这使得很多幼儿在园如厕成了难题。在家用的是坐式马桶,还有的幼儿用婴幼儿专用便盆,他们可以在任何一个自己喜欢或熟悉的地方大小便。而幼儿园的厕所对他们来说是陌生的,甚至是不自由的,另外蹲便还需要他们使用腿部的力量,也会令他们觉得很累,不愿在园排便。因此,有的幼儿常常憋便或直接便在裤子里。

3. 由教师的不当态度和言行引起遗尿遗便。有的教师态度粗暴,当众斥责幼儿,使得幼儿没有安全感,有便意也不敢及时向教师表达。有时幼儿会不小心将大小便解到身上或弄到厕所外面,教师清洗打扫时如果表现出厌恶的表情或是指责幼儿,就会对幼儿心灵造成伤害,对上厕所产生焦虑和恐惧,甚至导致遗尿遗便现象。

 指导建议

1. 营造温馨、宽松的如厕环境。保育员要经常清扫厕所,保持卫生设备的清洁,还可以在地上贴小脚丫、在墙上贴洗手过程的卡通图案等,给幼儿创设轻松的心理氛围。在小班的厕所,可为一些还不会蹲便的幼儿放置部分可移动的坐便器,等这些幼儿熟悉幼儿园的蹲便方式后再撤去那些坐便器,为幼儿创造一个良好的物质环境。

2. 用爱心、耐心、细心消除幼儿的紧张焦虑心情。教师应引导幼儿,有了便意可随时如厕,遇到困难及时向教师表达,如穿脱裤子、擦屁股等。教师对幼儿大小便行为需求的反应要积极,及时帮助他们。如果幼儿遗尿遗便在裤子上或床上,教师切忌呵斥幼儿,要态度温柔,给幼儿以安全感。另外,在一日活动中,教师还要细心留意幼儿的肢体动作和神态,如发现幼儿咬牙、两腿夹紧等现象时要及时询问,有效避免幼儿拉尿在裤子里。

3. 与家长沟通,请家长在家帮幼儿进行排便训练,形成排便规律。幼儿养成良好的排便规律,不仅能保证幼儿正常的情绪和生活,而且对其健康有重要影响。在平时的家庭生活中,家长应仔细观察幼儿大小便的时间,帮其建立条件反射。对于小便,家长首先要调整幼儿喝水规律,每天在固定的时刻让幼儿进水,不要等到渴了再给幼儿喝水,这样就能有效控制小便的次数和时间。对于大便不规律的幼儿,家长应让其多吃蔬菜水果,为其合理搭配饮食,并对其进行适当的排便训练。排便时间一般控制在 5 分钟之内,大便困难的幼儿可稍微延迟一点。需要注意的是,时间太长不利于排便训练,所以幼儿若没有便意,就应立即停止。教师可将本班幼儿平时在家排便的时间进行登记,做到心中有数,提前提醒,使保育工作更具科学性、主动性和全面性。

案例二十一　　老师,厕所没纸了

案例呈现

如厕时间,几名大班幼儿大声呼叫:"张老师,厕所没纸了,帮我们拿些纸。"张老师听到

呼声迅速拿来卫生纸,看到眼前的一幕,真是哭笑不得:几名幼儿把便池旁的一卷纸都用光了,旁边的纸篓也快满了,他们还在擦屁股。只见他们屁股翘得高高的,拿起一张纸一擦,手纸中间被擦破一个洞,马上一扔,再拿一张纸来擦,又有一个洞,再扔……就这样,拉一次大便,手纸用了一大堆,屁股擦得并不干净,小手也弄脏了。

 案例分析

案例中大班幼儿如厕后使用多张便纸清理便迹,弄脏身上手上,说明他们还没有掌握如厕技能。分析原因,有如下几点:

1. 教师和家长平时缺少对幼儿如厕技能的指导。幼儿的如厕技能离不开学习和实践,是在一次次练习中获得的。如果教师缺少生活技能方面的保教活动计划,家长缺乏培养幼儿生活技能的意识,就缺少了对幼儿具体的可操作性技能指导,导致幼儿不会正确使用手纸擦屁股,无法建立起良好的如厕习惯。

2. 家园配合不到位。很多家长在教育观念上与幼儿园无法保持一致。如忽视幼儿早期自理能力培养问题,许多本该幼儿自理的事情都由家长包办了,如有一部分幼儿大便后由家长擦屁股,幼儿在园自然自理能力较差。甚至,幼儿在教师指导督促下初步形成的自理习惯,经两天双休日的家庭生活,因家长不予配合会基本抵消,难以形成稳固的习惯,导致"5 + 2 = 0"的结果。

 指导建议

1. 教师应通过多种途径,帮助幼儿掌握生活技能。学前期是幼儿各种习惯养成的关键时期,《幼儿园教育指导纲要(试行)》中健康领域的总目标指出:生活、卫生习惯良好,有基本的生活自理能力。如厕则是幼儿生活自理能力的一部分,科学地如厕不仅是幼儿卫生习惯的体现,更能影响到幼儿的身体健康。幼儿园小班是培养幼儿生活卫生习惯的初级阶段,也是关键时期。因此,教师要做好健康教育活动教学计划,设计实施丰富的教育活动,帮助幼儿逐渐掌握如厕的生活技能。如开展健康教育活动"我会尿尿",以便幼儿掌握小便流程。在角色游戏区练习给娃娃擦屁股,在娃娃家增设爸爸、妈妈带娃娃去卫生间大小便,帮助娃娃擦屁股的情节等,使幼儿通过丰富多样的方式掌握并巩固如厕的基本技能。

2. 开展家长工作,做好家园共育。教师可通过家访、问卷调查等形式,向家长了解幼儿在家中的如厕情况,并让家长针对实际情况,具体问题具体分析,共同商讨对策,达成共识。只有家园教育保持一致,才能让幼儿更快地掌握如厕基本技能,养成良好的如厕习惯。

案例二十二　　没有备用裤子的萱萱

案例呈现

　　某日中午,起床时间到了,大班幼儿陆陆续续地起床整理床铺。教师走到萱萱身边时,发现萱萱呆坐在床上,皱着眉头,表情木然,便轻声询问:"萱萱,你是不是解出大便了?"可是不管教师怎么问,萱萱都不承认。于是教师悄悄地把她拉到一边,打开裤子一看,果然是。天气很冷,萱萱在幼儿园又没有备用裤子,教师只好打电话向萱萱爸爸讲述此事,并请他送裤子来幼儿园。可是萱萱爸爸由于工作繁忙,直到离园时才匆匆赶来。见孩子还穿着便污的裤子,他气愤极了,张口对教师大声辱骂:"啊,这么冷的天,你们也不给孩子换……"

 案例分析

　　案例中,萱萱爸爸看到自己的孩子便污裤子而教师却没有帮她清理干净,因爱子心切,导致了冲动地辱骂教师的行为。固然这个事件的发生,教师工作中存在失职,负有一定的责任,但是也存在很多其他方面的影响因素:

　　1. 幼儿强烈的自尊心。大班幼儿随着年龄增长,自我意识逐渐增强,自尊心也在不断地增强。于是,当他们犯了错误或做了不好的事情时,不想在大家面前暴露出来,不愿承认这些事情。这有可能是萱萱不愿意及时告诉教师解出大便的原因。

　　2. 幼儿习惯性自我保护的表现。这就与家长日常教育方式有关了。有些家长教育方法简单、粗暴,当孩子不听话时不是呵斥就是打骂,常使孩子惊恐万状,无所适从。当孩子做了错事后为了逃避父母的惩罚,只好用说谎来掩饰自己的行为。萱萱既担心老师会批评她,不敢承担后果,又怕其他小朋友会笑话她,所以一直不敢承认她拉大便在身上这个事实。

　　案例中教师发现萱萱便溺后态度较好,"轻声询问""悄悄地把她拉到一边"都体现出教师在有意识地关注并呵护萱萱的自尊心。但是,教师工作中确实存在一定的失职成分,保育工作做得不到位。教师应及时帮萱萱脱下脏裤子,清洗干净身体。如果没有备用衣物,又担心萱萱受凉,可让她躺到被子里。教养员和保育员只因没有备用衣物就忽视处理,在照顾幼儿生活方面考虑不周,没有尽到保育的责任。

指导建议

　　1. 减少幼儿如厕心理负担,教给幼儿如厕方法。幼儿能力参差不齐,个别幼儿生活自理能力差,教师要为幼儿提供适宜的帮助,使幼儿真正学会自理,感觉自己是能干的。比如,若是把一整

卷卫生纸放在厕所里,自理能力不够强的幼儿因撕纸困难,可能会引发影响脱裤、跨越便池甚至摔倒等后果,教师可以为幼儿提供撕好的卫生纸。对于穿脱裤子不熟练的幼儿,教师应提示家长为幼儿选择易于穿脱的裤子。教师还可根据情况,采用灵活多样的形式鼓励幼儿相互帮助。如排值日表,请幼儿轮流负责为大家提供卫生纸和帮助等。

2. 科学管理幼儿如厕时间。科学的管理策略能够使幼儿健康成长,使教师一日活动管理工作更轻松。如针对排便,因大班幼儿排便已经比较规律了,教师可制作一张排便记录表,平时注意记录幼儿在园的大便时间,这样在管理幼儿解大便时,便能做到心中有数了。

第六章

班级午休环节管理
案例诊断与分析

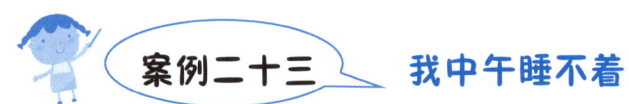

案例二十三　　　　**我中午睡不着**

案例呈现

中午12:00,孩子们陆续上床睡觉了。12:30,其他孩子都已入睡,只有婷婷和小楠依旧精力充沛,瞪着大眼睛,在被窝里翻来翻去。躺在下铺的婷婷因为离老师坐的位置较近,动作幅度稍小一些,只是不时地翻翻身和玩玩小手。躺在上铺的小楠距离老师较远,动作幅度就比较大了:或平躺着玩小手,或弓身趴在床铺上;一会儿伸着小脑袋瞪着明亮的大眼睛东张西望,一会儿将小舌头吐出又收回;要么小手抓住床栏杆,要么双腿伸到空中将被子顶起一个大包,甚至还曾一度将头从两根床栏杆中间的空隙里探出来……

李老师坐在办公桌前背对着孩子们专心致志地备着课,偶尔回头对两个孩子示意一下,让她们乖乖睡觉,但收效甚微。老师一旦开始备课,两个孩子便又活动起来。时间像小蜗牛般一点一点往前爬,婷婷和小楠却没有一丝睡意。终于熬到了两点半,两个孩子雀跃着起床了。

案例分析

这是一个典型的幼儿在园难以入睡的案例,同时也是午睡过程中出现的极为常见、极具代表性的案例。众所周知,午睡是幼儿园保证幼儿身体健康、精力充沛的有力措施之一。幼儿经过一上午的学习和游戏,在午饭后神经兴奋性会大大降低,身心疲乏、精力衰减,通过午睡,幼儿的大脑、神经系统及身体各个部位都在进行积极调节,不仅可有效缓解疲劳,增强体力,还能缓和紧张情绪,甚至提高身体免疫力,增加抵御疾病的能力。此外,幼儿在睡眠过程中,生长激素分

44

泌量是平时的 3 倍之多,所以,午睡直接影响幼儿的生长发育、健康状况和学习质量,利用午睡时间对睡眠时间进行补充非常必要,对促进幼儿身体的正常发育和机能的协调发展,增强体质,培养良好的生活卫生习惯和参加体育活动的兴趣起着重要的作用。正常人的生理睡眠时间和深度,随着年龄、身体状况和季节的不同而有所不同,就幼儿而言,由于正处于生长发育的旺盛时期,睡眠时间要较成人长些。一般而言,3—6 岁幼儿一昼夜应睡 12—13 小时,其中午睡时间应为 2—2.5 小时。冬季日照时间短,午睡时间可缩短为 1 个半小时,晚上可提前半个小时睡觉。

然而,幼儿的实际午睡情况却并非老师们所期待的那样整齐划一、顺心顺意。部分幼儿能在较短时间内进入深睡眠状态,但入睡困难的幼儿也为数不少,如有些幼儿会在小床上玩耍影响别人;有些幼儿入睡速度较慢,在小床上痛苦地翻来翻去;甚至,个别幼儿整个中午都不能入睡。究其原因,可概括为以下四类:

1. 活动量不足的原因。睡眠质量受活动量大小的直接影响,白天的活动量会影响晚上的睡眠质量,自然,幼儿在园上午的活动量会直接影响中午的睡眠质量。部分幼儿园,尤其是有严重小学化倾向的园所,用大量不适合幼儿身心发展的室内教学活动挤占幼儿户外玩耍的时间,导致未能在上午给幼儿安排充足的户外活动,也直接影响了幼儿的午睡质量。

2. 家庭生活习惯原因。部分家长自己没有午睡习惯,也没有培养孩子午睡习惯的意识。也有些家长对孩子过于溺爱,对孩子的要求无原则满足,孩子在家何时入睡、何时起床全都任由孩子,即使在即将入园前以及入园后的周末,家长仍然没有调整孩子作息的意识,幼儿在家依旧生活无规律,无法养成良好的午睡习惯,导致来园后,不适应幼儿园的作息时间与制度。

3. 教师管理策略缺失的原因。部分幼儿入睡速度慢或无法入睡,或许只要教师轻拍几下、一句鼓励的话语或一个温和的眼神便可解决问题,或者需要老师上前去抱抱他,轻声给他讲个小故事便能奏效,但教师却未采取有效的管理措施帮助幼儿入眠。如该案例中的李老师,在两个孩子无法入睡的问题上便难辞其咎。在看午睡过程中,该教师将大部分精力都用来备课,对于两个难以入睡的幼儿只是简单地用眼神示意,在完全没有收效的情况下也未能真正用心思考帮助她们入睡的有效策略。

4. 生理原因。每个幼儿的身体状况不同,精力充沛程度不同,对睡眠的需求量及入睡速度自然也不尽相同。有的幼儿睡眠需求量大,有的幼儿睡眠需求量相对较小;有的幼儿入睡速度快,有的幼儿入睡速度慢;甚至有个别幼儿,精力过剩,属于真的无需午睡的类型。

具体到本案例中,两名幼儿难以入眠,可能与以上某一种或几种原因都有关联。

 指导建议

1. 有意识地增加幼儿运动量。一般而言,幼儿园每天应保证幼儿至少两个小时的户外活动时间,其中上午应保证至少一个小时的户外活动时间。除此以外,对于那些没有养成良好睡眠习惯、入睡较困难的幼儿,教师可专门设计一些活动量较大的,尤其是需要运用大肌肉的运动项目,

让这些幼儿参加,以加大他们的运动量,使他们多余的精力得以消耗。

2. 采取一些有效的午睡管理策略。午饭后,可安排幼儿散步十分钟左右。唐代著名医学家孙思邈曾在《千金翼方》中指出:"平日点心饭后,出门庭行五六十步,中食后,行一二百步,缓缓行,勿令气急……食毕行步,踟蹰则长生。"其中的"踟蹰"即指"徘徊""缓行"的样子。所以,教师们要切记,饭后带幼儿散步是缓行,不可疾步快走。如此不仅有助于幼儿脾胃健康,还能起到安定情绪的作用。散步后,安排幼儿先大小便,再进午睡室,以排除生理原因对午睡的干扰。午睡前期,教师可给幼儿讲一个睡前故事或播放一段舒眠的轻音乐,达到镇定情绪、催眠的目的。对于入睡较困难的幼儿,教师要有耐心,可坐在旁边轻拍他入睡,甚至可以抱着睡几次。若这样的幼儿顺利睡着了,午睡起床后,教师要及时给予表扬、小红花等口头或物质小奖励,以起到强化作用。还有个别幼儿可能是因为入园初期不适应,由分离焦虑而引起的午睡入睡困难,这样的幼儿一般在行为上会有一些外显特征,如短时间内反复去厕所,却又没有排出大小便等,这就需要教师细心观察,及时发现,用爱心和耐心来对待,了解幼儿在家的睡眠习惯,用类似妈妈的办法陪伴幼儿入睡,不仅能使幼儿午睡期间的睡眠状况有所好转,还能使幼儿从教师身上看到妈妈的影子,从而减少入园焦虑程度,尽快适应幼儿园生活。

3. 通过家园合作,共同养成幼儿的午睡习惯。幼儿良好午睡习惯的养成,仅靠在园 5 天的时间是远远不够的,若周末在家作息无规律,周一入园后仍会难以适应幼儿园的作息制度。所以,教师要与家长积极沟通,让家长深刻认识午睡对幼儿成长的重要性,认识到家长和教师在教育上的一致性、一贯性对教育效果的影响,认识到家长自身的榜样作用在孩子良好生活习惯养成中的积极效果。建议家长即使在家也要给孩子订立科学合理的生活作息制度,且最好能以身作则,每日坚持早睡早起,中午尽量按幼儿园的作息时间定时午睡,从而通过家园合作,共同帮助幼儿养成良好的午睡习惯。

4. 给幼儿不午睡的自由。幼儿的身体状况、精力充沛程度是有个体差异的,极个别幼儿属于天生觉少类型,精力过剩,在采取了上述种种措施后,依旧难以入睡,该怎么办呢?现实生活中我们看到,很多教师的做法是让这样的孩子在不打扰别人的前提下,躺在床上"休息"两个半小时。其实,这种做法并不妥当。因为在睡不着的情况下被教师强迫在床上躺两个多小时,是极为痛苦的,躺着可能比参加活动还要劳累,这甚至会成为此类幼儿不愿上幼儿园的重要原因。其中有些幼儿,在小班和中班阶段还会由于害怕老师而坚持躺在床上,到了大班就会变得逆反,故意挑衅老师、挑战规则。如故意在午睡时发出声响扰乱其他小朋友、朝老师吐吐沫等,并因为自己的行为获得了成人的关注,控制了成人的行为,甚至引起了成人的愤怒而感到兴奋。其实,这些状况是完全可以避免的。对于各班那些实在睡不着、确实不需要午睡的幼儿,园方可安排一位老师,带他们在活动室做一些安静的自选游戏,如做手工、读绘本、绘画等,既让他们多余的精力得以疏解,又使得百无聊赖的两个半小时充满了童趣和教育意义,还自然而然地避免了他们通过扭曲的渠道进行发泄。

案例二十四 躺在被窝里不能动,好累呀

案例呈现

　　午睡之初,刘老师又如往常般提醒幼儿:"小手要放到被子里面去。"大部分幼儿都乖乖地按照老师的要求,把自己的整个身体盖在被子里,只露出小脸。海涛、军军和妙妙却总是时不时地将小手从被窝里伸出来,或在空中轻轻挥舞几下,或抠着玩几下,但他们都很安静,没有打扰其他幼儿。刘老师见状,立刻提醒他们:"把小手放回去。"几个孩子赶快将小手塞回了被窝,可不久,小手又出来了。于是,刘老师的提醒再次响起。

 **案例分析**

　　该案例中,午睡时教师强制要求所有幼儿都将手放在被窝里,使孩子的身体受到过多束缚,在睡眠时身体不放松,从而影响了入睡时间与睡眠质量。

　　德国著名幼儿教育家福禄贝尔在创办世界上第一所幼儿园时,就为"幼儿园"界定了美好的含义:"儿童的花园"。意大利著名幼儿教育家蒙台梭利更是提出:自由是儿童的天性,要给儿童爱和自由。所以,在幼儿园里,教师给予幼儿爱,是对教师的必然要求,就如本案例中,教师要求幼儿将小手放进被窝里,我们可以从中看到这位教师怕幼儿着凉和希望幼儿在固定睡姿的影响下能尽快入睡的良苦用心。但仅有爱,未必能促进幼儿身心健康成长。若这种爱只是一厢情愿地从自己的角度出发,不能真正站在幼儿的角度,甚至束缚了幼儿自由的天性,可能对幼儿的成长带来负面影响。正如福禄贝尔所说:"教育必须尊重幼儿的自主性,任何命令式的、强制的、干涉的教育方法对幼儿的发展都是无效的,甚至会有阻碍作用。"本案例中,在入睡前,天性好动的幼儿连决定自己小手放在哪里的自由都没有,岂不是太过拘束,又谈何发展天性!甚至有个别幼儿教师要求孩子午睡时,必须侧身,且双手合十放在枕边,不能变换其他姿势。每天中午都要以这种姿势入眠,是多么苦不堪言的事情。当然,强调自由并非排斥纪律,相反,蒙台梭利在她的著作中用了很大篇幅来阐述其纪律教育思想,更提出"纪律和自由是一件事物不可分的两部分——犹如一枚铜币的两面"。即:自由是在遵守纪律基础上的自由,只要是不损害集体利益的,不冒犯或干扰他人的,有益于儿童的各种表现和发展的行为,都应该是被允许的。所以,午睡时,只要不影响别人,能让自己感到舒适,幼儿应当自由选择属于正确睡姿范围内的姿势。

　　人的睡姿一般分为俯卧、仰卧和侧卧三种。俯卧,身体的重量会压迫心脏,造成周身气血不畅,甚至会导致睡眠中憋气现象的产生,所以这种睡姿不仅影响睡眠质量,还会对幼儿的生长发育产生消极影响。侧卧又分为左侧卧和右侧卧。众所周知,心脏在左胸位置,左侧卧睡姿会使心脏所受压力增大,对心脏的输血功能造成影响,且易导致噩梦,还容易引起胃病。而右侧卧位,会使血液流向身体右侧,减轻心脏负担,能基本避免上述问题。仰卧,同样可避免压迫身体脏腑器官的现象发生。综上所述,右侧卧和仰卧是较为理想的睡眠姿势。但其实,每种睡眠姿势均是既有利又有弊的。如俯睡,虽可能致周身气血不畅,但利于口腔异物排出,且对颈椎病人有好处;左侧卧位,虽压迫心脏,但适度的压迫能使心脏受到锻炼,增强功能;右侧卧位,虽不会压迫心脏,但影响右侧肺部的运动等。所以,只要身体健康,不患有对睡姿有特殊要求的疾病,选择哪种睡姿都是可以的,只要自己感到舒适即可。除基本睡姿外,睡眠中还可能存在如下现象,如枕着胳膊睡、抠指甲、咬被角、蒙头睡、用嘴呼吸、打扰旁边小朋友等,这都属于不良睡眠习惯,也可将其界定为违反睡眠纪律的行为,要引导幼儿加以改正。至于小手是放在被窝里还是被窝外,放在枕头边还是身体侧面,这无关健康与否,无关对周围环境的影响,完全属于幼儿的自由。

 指导建议

1. 教师要积极调整教育观念。教师要注意调整自己的管理理念,在睡眠活动及其他班级活动的管理中,不要对幼儿管得过于死板,要求过于苛刻,要注意给幼儿创设宽松自由的精神氛围。在遵守纪律的基础上,允许幼儿张扬个性,在促进幼儿发展的前提下,给予幼儿最大限度的自由。过于死板苛刻的管理,只能违背幼儿喜爱自由的天性,扼杀幼儿正在飞跃发展的想象力和创造力。

2. 引导幼儿学习正确的睡姿。教师可通过讲故事、做示范、与家长沟通、强化表扬等多种方式,帮助幼儿养成相对较为理想的右侧卧或仰卧的睡眠姿势,并通过重点关注、个别提醒的办法,帮助部分幼儿克服不良睡眠习惯。

3. 允许幼儿在正确睡姿范围内自由选择睡眠姿势。成人在入睡前尚需活动几下,将自己的睡眠姿势调整到自感舒适的程度,更何况是天性好动的幼儿。所以,幼儿在入睡前,只要保持安静,不打扰其他小朋友,在床上适当活动胳膊、腿、手、脚是应该被允许的。

案例二十五　穿着外套睡觉真难受

案例呈现

冬季,室内外温差极大。某日,午睡时间到了,小三班的孩子们纷纷进入午睡室。李老师没有要求孩子们脱外套,因为这所幼儿园的老师们认为,睡前脱外套,起床穿外套,程序烦琐,浪费时间。孩子们只是脱掉鞋子,便钻进了被窝。午睡过半时,已有很多孩子额头渗出了汗珠,不少孩子已踢开了被子。起床后,孩子们身上汗津津、潮乎乎地跟随老师去活动室及户外参加各种活动。第二天,好几个孩子感冒了。

 案例分析

以上案例中,教师缺乏基本的保育常识,在午睡中让幼儿穿着不适宜的服装,且缺乏保教合一的专业思想。既影响了幼儿睡眠的舒适度甚至导致了疾病的发生,还浪费了绝佳的教育契机。

首先,单纯从保育层面来看,午睡中给幼儿穿合适的衣物,有助于保证良好的睡眠质量,也有助于幼儿身体的健康成长。午睡时穿着过厚,若衣物又是紧身衣,不够宽松,紧紧裹在幼儿身上,会影响幼儿睡眠过程中全身的肌肉放松、血液循环,甚至影响呼吸系统,严重的可致梦魇。若是让幼儿穿着外套睡觉,则更不可取。外套尤其是冬季的外套,材质的透气性较差,不利于睡眠中的新陈代新。此外,幼儿在每天的活动中,尤其是室外活动中,绝大多数时间都穿着外套,而活泼好动的天性往往使他们惯于攀爬、跳跃、操作各种体育游戏器械,因而外套上沾染了很多尘土和细菌。中午若穿着这样的衣裤入睡,自然将数不尽的细菌带进了适宜其繁殖的温暖被窝,易导致各种疾病的产生。当然,穿外套睡午觉,最直接的后果就是本例当中的现象:幼儿在睡眠过程中被捂出一身大汗,有的幼儿因踢了被子却没有被老师及时发现而着凉,有的幼儿因睡醒离开被窝后老师没有及时给添加衣服而感冒。

其次,在幼儿园的一日活动中,都应注意"保教合一"这一教育原则的贯彻与执行。所谓"保教合一",即在对幼儿的保育工作中要渗透教育,教育工作中要渗透保育,保育和教育是在同一个过程中实现的。《幼儿园教育指导纲要(试行)》(以下简称《纲要》)在健康领域给幼儿提出的发展目标是"生活、卫生习惯良好,有基本的生活自理能力",即在学前三年的教育中,幼儿应具备良好的生活卫生习惯和基本的生活自理能力。具体到午睡环节,自己会穿脱衣服、鞋袜,能根据要求摆放衣物,到中大班能自己整理床铺,这是幼儿应该掌握的基本生活技能。同时,《纲要》对教师也提出了明确要求:"幼儿不是被动的'被保护者',教师要尊重幼儿不断增长的独立需要,在保育幼儿的同时,帮助他们学习生活自理技能。"教师若能在午睡环节中有意培养幼儿的生活自理能力,便是对"保教合一"原则的最好诠释。

现实生活中,我们看到:有些幼儿园由于场地较小,各班的活动室和午睡室是合二为一的,所以,老师们要在午睡前将活动室布置成午睡室,这需要在午餐后迅速将地面打扫干净,将桌子拉到墙边,将几十张小床搬动并整齐摆放在活动室。午睡起床后,还需要快速恢复活动室的原貌。所以他们认为,若再让幼儿穿脱外套、鞋袜,程序太烦琐,纯属浪费时间,于是便出现了如以上案例中的现象——让孩子们和衣而睡。老师们有这样的想法和做法,究其原因,还是由于未能真正理解和践行"保教合一"原则的精髓,仅仅将午睡环节孤立地看作每天必须完成的一项体力工作,而没有看成是对幼儿进行自理能力教育的良好契机。

 指导建议

1. 根据季节、气温的变化,让幼儿穿合适的衣服入睡。一般而言,冬季气温较低,可让幼儿穿毛衣毛裤午睡。春秋季气温较为宜人,穿纯棉质地的秋衣秋裤即可。夏季气候炎热,宜穿短裤背

心入睡。当然,这无法一概而论,各幼儿园还需视自身条件灵活掌握。如不同地区、不同园所冬季的供暖条件不同,有的园供暖条件好,冬季室内温度较高,则幼儿午睡只需穿秋衣裤即可。午睡起床后,要提示幼儿及时穿上外套,以免着凉。

2. 教师要树立大课程观。3—6岁的幼儿年龄小,生活经验匮乏,所以在幼儿园的一日活动对他们而言都是课程,在教育活动中他们在学习,在生活活动中,他们同样是在学习。教育契机无处不在,一日活动皆为教育。拥有了这样的课程观,教师才可能在幼教工作的各个环节中贯彻"保教合一"的原则,在午睡环节中发现丰富的教育资源,将午睡过程中发现的幼儿缺乏的生活技能通过游戏的方式加以练习。

3. 寓教育于午睡各环节之中。幼儿园的睡前准备、睡眠过程及睡后起床,各个环节中都蕴含着丰富的教育价值,教师应将其看作培养幼儿良好生活习惯和自理自立能力,锻炼身体灵活性和协调性及进行礼仪教育的大好时机,而不要仅仅看作是烦琐的事务性工作。睡前,引导幼儿自己脱掉衣服鞋袜,叠整齐摆放在指定位置,换上小拖鞋轻轻走进午睡室;睡眠过程中,引导幼儿选择正确的睡眠姿势,养成良好的入睡习惯,中间上厕所等活动要轻手轻脚,不干扰其他小朋友;起床时,引导幼儿自己学习穿衣服、系纽扣、拉拉链、系鞋带。中大班的幼儿还可尝试自行整理床铺。教师不要一味地只图表面的工作速度快,快而肤浅,白白丧失掉教育契机,对幼儿的成长又有何意义!

案例二十六　老师,我们午睡时,请您也安静些

案例呈现

中午一点,午睡室里静悄悄,只有孩子们熟睡的鼻息声。于老师的到来打破了沉寂。原来,下午班的于老师来接替上午班的周老师。只见于老师大踏步进了午睡室,脚上的半高跟皮鞋把午睡室的木地板踩得咚咚直响。二人见面后,竟然以正常音量聊了五分钟,话题是一周后于老师的婚礼。于是,多米诺效应出现了:五六个孩子,睡眼惺忪地睁了睁眼,翻了翻身,又睡着了。小洁、陶陶和大松陆续起来去厕所小便,往返途中又吵醒了佳佳、洋洋和平平。五分钟后,周老师离去,室内又重归平静。不一会儿,于老师发现洋洋在床上翻来翻去,她起身去安抚洋洋,咚咚的皮鞋声再次响起……

案例分析

本案例中,教师的着装与行为方式打破了幼儿安静的午睡氛围,成了幼儿午睡环境中的消极因素,不仅影响幼儿的睡眠质量,还起到了负面的示范作用。

首先,睡眠环境直接影响幼儿的午睡质量。睡眠环境可分为物质环境和精神环境。就物质环境而言,午睡室的温度、光照情况、墙面和窗帘的色泽、墙饰布置、小床的摆放位置、有无噪声等都会影响幼儿入睡。就精神环境而言,幼儿的心情、教师的态度等也是重要影响因素。只有创设舒适的物质环境与平和的精神环境,才能提高幼儿睡眠质量。

其次,教师的工作是具有示范性、权威性的,尤其幼儿教师更是如此。因为3—6岁的幼儿对教师的崇拜真正达到了"盲目"的程度,发自内心地将教师的一切要求奉为金科玉律。同时,由于他们年龄小,辨别是非的能力差,教师的言语、行为、态度、风格等,无论是积极正面的,还是消极负面的,他们都会不假思索地照单全收。可见,幼儿教师的一言一行都将对幼儿产生潜移默化的影响。《幼儿园教师专业标准(试行)》中明确规定:教师要"为人师表,教书育人,自尊自律,做幼儿健康成长的启蒙者和引路人","重视自身日常态度言行对幼儿发展的重要影响与作用"。著名幼儿教育家蒙台梭利也十分强调教师对幼儿的影响作用,她认为:教师的言行、仪表是幼儿生活环境中的重要组成部分,"教师本身在仪容上应富有吸引力,令人喜爱,并且保持整齐、清洁、沉稳而有庄严感","教师应留心自己的举止,要尽量轻盈和文雅"。所以,教师应该深刻反思自己的一言一行是否起到了正面的表率作用,如午睡期间,教师往往会要求幼儿保持安静,小嘴巴不说话,下床去厕所要轻手轻脚,不要发出声响打扰其他小朋友,但这些要求自己是否做到了? 自己的言与行是否实现了真正的统一? 具体到本案例中,教师在午睡室穿着皮鞋以正常的步态和速度走路,大声聊天,谈论与工作无关的私事,而不在意是否吵醒了熟睡中的幼儿,甚至有个别教师言谈中时不时冒出一些有伤大雅的词语,不仅严重影响幼儿的睡眠质量,还会对幼儿的言行方式甚至人生观造成恶劣的影响。

 指导建议

1. 为幼儿创设舒适的睡眠环境。

(1)物质环境。首先,午睡室应色彩柔和、光线适宜。色彩心理学方面的研究表明,午睡室的整体色彩会影响幼儿的情绪、睡眠质量和睡眠时间。就墙壁色彩而言,淡粉色给人温暖舒适之感,淡蓝、淡绿色给人安宁平静之感。此外,窗帘必不可少,因为光线过强会降低幼儿的入睡速度,长期在光线过强的环境中睡眠还会导致免疫功能下降。关于窗帘的色彩,研究表明暗红、蓝色等深色窗帘能使幼儿心跳减慢、呼吸减缓、血压下降,有助于快速进入梦乡。教师可在幼儿进入午睡室前提前放下窗帘,使室内的光线暗淡柔和。其次,午睡室应空气清新,呼吸畅通。教师应在幼儿进入午睡室前开窗通风,保证室内空气清新,没有异味。在幼儿进入午睡室后则应关闭窗户,避免幼儿因风吹而着凉。若是无风的温暖天气,则不必关窗。再次,午睡室的墙饰应温馨,富有暗示性。可在墙壁上布置一些给人宁静之感的墙饰,且画面不宜更换频繁,以避免对幼儿产生新奇的刺激。如小动物在星空下甜甜睡觉的画面等,让幼儿一走进午睡室,便知道"要睡觉了",应该"轻轻走路""轻轻说话"。最后,午睡室应始终保持安静。整个午睡过程中,都要尽可能保证午睡室环境安静,没有噪声,以免吵醒幼儿。

(2)精神环境。睡前可通过小故事、轻音乐让幼儿稳定情绪,切忌训斥幼儿,避免幼儿带着压

抑的负面情绪入睡。有的教师会在幼儿排队进午睡室时给每个幼儿一个"爱的拥抱",来满足幼儿的情感需求,并在拥抱的同时对幼儿说一句富有针对性的或表扬、或鼓励、或提出期望的话,让幼儿带着满足、愉悦的心情入睡,是一个值得推广的好办法。

2. 教师自己应发挥积极表率作用。午睡时,幼儿要遵守许多班级管理规定,如轻手轻脚走路、不大声喧哗、不打扰旁边小朋友等,而教师更应以身作则,成为班级管理规则的践行者。如本案例中,教师在交接班时与同事大声聊天,穿着皮鞋,不是轻手轻脚而是以正常步速和力度走路,制造出很大声响,不仅影响幼儿睡眠,还自己率先打破了管理规定,对教育效果造成了负面影响。

3. 教师备一双软底鞋,专供照顾孩子们午休时使用。许多幼儿园要求幼儿进午睡室要换拖鞋,其实,教师也应换上软底拖鞋。若是有些幼儿园规定教师不许穿拖鞋,则可备一双软底布鞋或胶底鞋。鞋子可由幼儿园统一订购、配发,亦可根据园方规定,由教师自行准备。如此,便可在教师走动时将噪声降到最低。无论如何,声响较大、底子较硬的大皮鞋是不应在照顾幼儿午睡时穿着的。

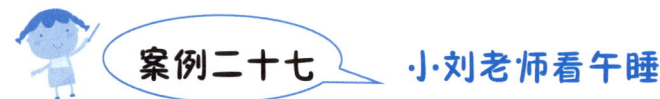

案例二十七 **小刘老师看午睡**

案例呈现

  小刘老师23岁,在幼教岗位上工作5年有余,虽很年轻,但5年的工作生涯也让她积累了许多有益经验。今天是小刘老师看中二班孩子们午睡,两个半小时的睡程中,发生了许多美丽瞬间:云鹏在睡眠过程中突然剧烈咳嗽,小刘老师轻轻走过去,小声将他唤醒,并让他喝下一小杯温水,云鹏又香香地睡着了;媛媛因为趴着睡觉,导致呼吸不畅,出现了憋气的现象,小刘老师轻唤着她的名字,帮她翻过身来;雪婷爱出汗,睡眠中多次踢被子,小刘老师总会轻轻走过去帮她盖被子,且每次都盖得比别的孩子的被子宽松些,让雪婷的睡眠更加舒适。起床了,孩子们的小脸上洋溢着甜睡后满足的笑容。

 **案例分析**

  在这个案例中,小刘老师在幼儿午睡时,能细心关注每一名幼儿,及时发现幼儿出现的各种状况并进行针对性处理,提高了幼儿的睡眠质量,赢得了幼儿的一致喜爱。

  《幼儿园教育指导纲要(试行)》中明确规定:"教师应该把保护幼儿的生命和促进幼儿的健康放在教育工作的首要位置。"午睡,就是一日生活中关乎幼儿健康的一个重要环节。看幼儿午睡,对教师而言并不是一件轻松惬意的事情,两个多小时的工作中饱含着琐碎的工作细节和沉甸甸的监护责任。除了要创设良好的睡眠环境,做足睡前的准备工作,建立相应的午睡规则外,睡眠过程中多巡视,及时发现问题并进行处理,更有着不容忽视的价值。有的老师在大部分幼儿入睡后,就认为自己的工作任务完成了,于是去做诸如看小说、织毛衣、玩手机一类的私活,有的甚至自己也睡觉了或干脆去其他房间与同事闲聊。殊不知,这样的做法存在着巨大的安全隐患。如广州某幼儿园一名幼儿在午睡期间突发疾病——间质性肺炎(重型),导致急性呼吸功能衰竭,看午睡的老师没能及时发现,待发现后该幼儿已脸色苍白、浑身冰冷,120急救车赶到时幼儿已停止呼吸。试想,若教师在幼儿午睡过程中仔细观察,加强巡视,一定能尽早发现幼儿的异常体征,并及时采取措施,避免悲剧的发生。所以,幼儿入睡后,教师还需多巡视,做到对每一名幼儿的睡眠状况了如指掌,并及时进行有针对性的处理,犹如本案例中细心的小刘老师一般,确保幼儿睡眠过程中的安全与健康。

 指导建议

1. 午睡中,教师要随时关注每一名幼儿的睡眠状况。除案例中谈到的踢被子和趴着睡的情况外,幼儿睡眠过程中还会有五花八门的状况发生。所以,教师可以15分钟左右巡视一次,以便及时发现午睡过程中需要帮助和提醒的幼儿,及时应对各种状况。有的幼儿偷偷将小玩具带进被窝里玩,物品若体积较小是极端危险的,因为如果幼儿睡不着反复把玩,便有可能塞进嘴巴或鼻孔而引起窒息,所以教师一定要及时发现并制止这样的行为。当然若是幼儿已将小物品带进被窝里把玩,被老师发现并制止,这只能算作处理此类问题的下策,因为状况已经发展到了接近危险的边缘。最好的办法是:在幼儿进午睡室前仔细检查每个幼儿的小手和衣服,确保没有任何异物被带进午睡室,便可杜绝此类危险的发生。有的幼儿可能由于兴奋、运动量不足、想家等原因长时间睡不着,教师可坐在他的床边陪他入睡,其间可用适合于他的节奏轻拍他,甚至可以抱着他睡几次。对于不遵守规则、总是打扰别人的幼儿,教师应及时劝导,但不可恐吓和强迫,可将他的小床调整到靠墙的位置,尽量减少他的"邻居"数量,并可坐在他床边监督他入睡。还有的幼儿在午睡中突然大声惊叫、哭喊,神情紧张、恐惧,这是典型的梦魇症状,教师可通过轻拍、搂抱等安抚他的情绪,帮助他再度安稳入睡。

2. 对于生病的幼儿,教师要关注其午睡中病情有无变化。生病的幼儿,病情可能会在睡眠中发生变化,教师更应较频繁地近距离观察这类幼儿,若发现面色发红或脸色苍白、鼻息声加重、反复咳嗽、发高烧等异常现象,应及时采取有效措施,不能自行处理的要及时报告保健人员。

3. 对于有特殊需要的幼儿,要有针对性地给予特殊照料。对于尿床、尿频的幼儿,在进午睡室前,要提醒他们排尿,并注意在日常生活中观察幼儿的排尿规律,根据规律在睡眠过程中定点叫醒他们排尿,以避免尿床现象发生。对于入园初期有恋物倾向的幼儿,需要抱着自己的某个毛绒玩具或必须使用自己的某一条毛巾被才能睡着,教师也不必强迫幼儿立刻改掉这一习惯,可允许他暂时保留睡眠习惯,并通过讲道理、讲故事、出现好的行为及时表扬强化等方式帮他逐渐克服对依恋物的心理依赖。有些幼儿习惯于在被窝里玩生殖器,甚至有的幼儿有"夹腿综合征""习惯性阴部摩擦"等不良习惯,教师发现后,不应训斥和恐吓,以免幼儿由于紧张和负罪感使情况加重。教师可轻轻将他的小手放好,将他的被子盖得宽松些,轻声说几句话转移他的注意力,并提

醒家长尽量给孩子穿宽松的衣物。还可将这类幼儿的床铺调整到距离教师较近的位置,以便于教师随时观察,发现情况及时处理。

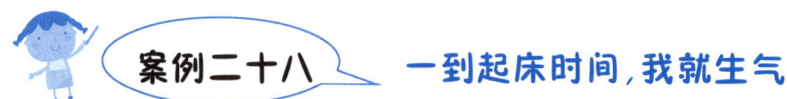

案例二十八 　一到起床时间,我就生气

案例呈现

　　中午两点十分,午睡起床的时间到了,孩子们睡眼惺忪地爬起来,安静而有序地穿着自己的衣服和鞋子。丽丽睁开眼睛,满脸不情愿地看着眼前的一切,随即"哇"地哭起来,任凭李老师怎么哄还是无法止住哭声。丽丽一边哭,一边从床上爬起来,穿上衣服后,哭声已渐渐变小。她抽泣着系上了衣服扣子,感觉心情好些了。待穿上鞋子后,她的心情逐渐明媚起来,和小朋友们一起出去上厕所、洗手,之后快乐地吃起了午点——牛奶和香蕉。起床之初,小磊的心情与丽丽一样糟糕,但不同的是他没有哭,而是皱着眉头对李老师说:"让我多睡一会儿好吗?"李老师知道小磊的犟脾气,微笑着说:"好吧,再睡10分钟就起床。"10分钟过后,大部分孩子都已起床完毕,李老师轻拍小磊叫他起床,可这个小家伙还是不肯起来。李老师想抱起他,他皱着眉头,挺直身子,嘴里哼哼着,让李老师很难抱起。在别别扭扭的情绪中,小磊最终被李老师拉了起来。李老师帮他穿上衣服,他生气地用小手使劲儿拽衣角。李老师帮他穿上鞋子,他噘着嘴巴,晃着脚嚷嚷:"太松了。"于是,李老师帮他把鞋子上的粘扣粘紧些,他又生气地说:"太紧,太紧!"终于穿好了,小磊梗着脖子走进活动室。孩子们已经开始吃午点了,小磊坐在自己的小椅子上,完全不理会老师给他发放的牛奶和香蕉,依旧在纠结自己身上的衣服,一会儿扯衣角,一会儿说小内裤穿得太紧了。李老师耐心帮他整理了两次小内裤,还是达不到他的要求。随后,是一节生动活泼的外教课,孩子们热火朝天地跟着外教老师边说英语边做出各种有趣的动作,小磊不为所动,依旧在原地纠结着他的衣角和小内裤,那杯牛奶和那截香蕉在身旁的桌子上,一动也没动。距起床已经过去40分钟了,小磊依旧沉浸在忧伤而又愤怒的情绪中,不能释怀。

案例分析

　　该案例中,丽丽和小磊在起床环节中所表现出的现象,就是我们俗称的"起床气"。所谓"起床气"就是起床时由于睡眠不足或没有睡好,甚至是由于被人叫醒了,而情绪低落、生气,甚至对别人大发雷霆的现象。这种现象在幼儿身上并不鲜见,只是各有特点且程度轻重不同。本例中,丽丽虽有"起床气"的表现,起床之初"哇哇"大哭,但看似强烈的情绪反应却并不持久,起床后很快就能被其他活动所吸引,从而转移注意力,消除不良情绪。所以,丽丽的"起床气"现象程度较

轻。而小磊就截然不同了,他虽然没有放声大哭,但情绪一直十分低落,不仅处处与自己较劲,还不依不饶地与李老师作对,十分倔强。起床过程中的任何一个小细节都可能成为激惹他的原因,且坏情绪持续时间很长,难于劝解。所以,小磊的"起床气"现象程度还是较重的。

引发"起床气"现象的原因是什么呢？一般而言,有以下几个方面：

1. 幼儿入睡太晚,睡眠不足是导致"起床气"的首要原因。本例中的小磊,是一个睡程较长的孩子,每天午睡期间都比其他幼儿花更多的时间才能进入睡眠状态。通常在中午十二点十分左右,很多幼儿便已经入睡,但小磊往往要到十二点五十分才能睡着。如此一来,两点十分起床时,小磊便比其他幼儿少睡了四十分钟,他自然会感觉没睡饱,因全身不舒服而情绪低落,不愿起床。所以睡眠不足是诱发"起床气"现象的首要原因。若是睡得好,睡得饱,幼儿醒来后就会精神十足、全身舒适,并随时愿意送上灿烂的笑脸。相反,如果睡得不好,感觉精神不佳,自然无法心平气和地起床。

2. 幼儿的个性特点影响"起床气"的表现形式和持续时间。气质类型为多血质的幼儿活泼、好动、反应迅速、注意力容易转移、兴趣和情感外露。胆汁质的幼儿情感发生迅速、强烈、脾气急躁,心境变化剧烈。这两类气质具有外倾性。所以,气质类型以多血质和胆汁质占上风的幼儿,其"起床气"的表现表面看来较为激烈,但也较容易"收气"。犹如本例中的丽丽,表面看来哭得疾风骤雨,但很快就会雨过天晴,融入班级的其他活动中。气质类型为黏液质的幼儿善于克制忍让,生活有规律,有耐久力,但往往不够灵活,注意力不易转移,因循守旧。一旦发生不愉快的事情很难迅速调节情绪。抑郁质的幼儿非常敏感、沉静,对情感的体验深刻、有力、持久。这两类气质均具有内倾性。所以,气质类型以黏液质和抑郁质占上风的幼儿,其"起床气"的表现就会比较"折磨"老师和家长了,他们对不良情绪的体验深刻,且持续时间长,对起床过程中的各种细节十分敏感,注意力难于转移,所以不良情绪难以消解。犹如本例中的小磊,虽不像丽丽那样表现激烈,但却非常执拗,令教师难于规劝。

3. 家长的溺爱也会助长幼儿"起床气"的气焰。有些家长尤其是隔代的家长,对幼儿过分溺爱,对幼儿的要求无原则满足,养成了幼儿唯我独尊、专横跋扈的"小皇帝""小公主"风格。生活中稍有不如意之处,便会大发雷霆,直到家长满足其无理要求方能告终。这样的幼儿在幼儿园虽会有所收敛,但自我中心的特点还是会较其他幼儿明显,若是有生"起床气"的习惯,则容易表现得更加激烈、更加倔强。

当然,除以上几种原因外,其他因素也可能诱发"起床气",如发生了不愉快的事情,影响了幼儿当天的心情；冬天温度较低,幼儿不愿离开温暖的被窝；睡前承诺幼儿某件事情,睡醒后幼儿提出要求时被告知无法满足等。

指导建议

1. 尽量让幼儿保持充足的睡眠。对于像小磊这样入睡慢、睡程长的幼儿,教师可采用轻拍、轻声讲故事、搂抱等多种方式,帮助幼儿快速进入睡眠状态。到规定起床时间时,不必强硬要求他一定和其他小朋友同步起床,可允许他多睡一会儿,多赖一会儿床,如可以约定"再多睡10分钟"。在这 10 分钟里,教师可以用双手轻轻抚摸他的小脸,揉搓他的小手,让他感到心情温暖而放松。也可以抓着他的小手让他自己抚摸自己的小脸,犹如游戏一般。如此,多睡 10 分钟的约定加上放松的心情,会更容易让他心平气和地起床。

2. 用一个幼儿所期待的约定预防"起床气"。午睡前,教师可与幼儿约好,起床允许他做一件自己感兴趣的事。如虽然幼儿园一般不允许幼儿自带食物,但对于有"起床气"的幼儿,教师可允许他起床后吃一小块自带的巧克力。教师也可在幼儿入睡前告知幼儿下午要进行的有趣的学习或游戏活动:"下午起床后咱们要给乐乐小朋友过生日哦,要开好玩的生日 party,还要吃好吃的生日蛋糕啊"等。有了这样的约定,幼儿对起床便增加了一份期待,有了明确的起床动机。起床时,教师再前后呼应地提示一句:"起床了,咱们班要开生日 party 了。"幼儿一定会乐呵呵地钻出被窝,"起床气"轻松得以预防。

3. 起床时,用美妙的音乐或有趣的小游戏吸引幼儿。起床时间到来时,教师不要一遍一遍地叫幼儿的名字,一次一次地催促他,这只会引起幼儿的反感,加重幼儿的坏情绪。可播放一段轻柔舒缓的音乐,让幼儿在美妙的音乐声中缓缓醒来。"起床气"较严重的幼儿,教师还可在其半睡半醒时与他玩一个有趣的小游戏,如从被窝里抱起他,轻轻把小屁股向床沿撞去,此时幼儿可能还慵懒地闭着眼睛,但他的小脸一定已经绽放出欢乐的笑容。于是在愉快的情绪中,还来不及生气就已经轻松起床了。

4. 教师要心平气和,给幼儿做出情绪上的表率。在应对幼儿"起床气"的过程中,教师切忌脾气暴躁,大发雷霆。因为年幼时期,儿童应对自己坏情绪的策略主要是从父母、老师等这些对他们有重要影响的成人那里习得的。当幼儿遇到不如意的事情产生坏情绪时,如果成人也用坏情绪来应对,那就等于给幼儿做出了一个负面的榜样,并会给幼儿原本就很糟糕的情绪火上浇油。日后,幼儿便会模仿这种消极的处事方式。所以,无论幼儿"起床气"的程度如何,教师都要耐心应对,用平静的情绪和乐观的处事方式给幼儿做出表率。

5. 通过家园合作共同消除起床气。改掉孩子爱生"起床气"的坏习惯,仅靠教师的努力是远远不够的,还需征得家长的积极配合。首先,要引导家长认识到溺爱孩子的危害:溺爱导致自我中心、自私自利、专横跋扈,不利于幼儿心理健康成长,不利于幼儿社会性的培养。溺爱表面是"爱",实则是"害"。对于有"起床气"的幼儿,家长的溺爱无疑更助长了他的气焰。其次,帮助家长树立信心,认识到孩子的"起床气"是可防、可改的,坚持采用上述措施,并耐心、细心地对待这类孩子,一定能收到理想的效果。

第三部分

教育篇

    教育作为幼儿健康成长必不可少的重要组成部分,是对幼儿实施体、智、德、美诸方面全面发展的教育,促进其身心和谐发展。幼儿园教育活动既有随机教育活动,也有有目的、有计划引导幼儿活动的过程。幼儿园教育是与保育相结合,以《幼儿园教育指导纲要(试行)》和《3—6岁儿童学习与发展指南》为依据,促进幼儿身体正常发育和机能的协调发展,增强体质,培养良好的生活习惯、卫生习惯和参加体育活动的兴趣;发展幼儿智力,培养正确运用感官和进行语言交往的基本能力,增进对环境的认识,培养有益的兴趣和求知欲望,培养初步的动手能力;萌发幼儿爱家乡、爱祖国、爱集体、爱劳动、爱科学的情感,培养诚实、自信、好问、友爱、勇敢、爱护公物、克服困难、讲礼貌、守纪律等良好的品德行为、习惯以及活泼、开朗的性格;培养幼儿初步的感受美和表现美的情趣和能力。

    随着时代的不断进步,人们的生活水平逐渐提高,社会大众对于幼儿园教育工作的关注也越来越高。这就要求幼儿园教师加强思想政治教育和职业道德教育,加强教育理论学习,树立正确的教育观、儿童观和教师观,充分利用教育资源,严格遵守日常工作行为规范,提高教师职业道德行为,由他律转为自律,为更好地适应幼儿园的教育教学工作打下坚实的基础。

第七章

班级幼儿入园、离园环节管理
案例诊断与分析

案例二十九　　我不想上幼儿园

案例呈现

　　早晨,当妈妈把3岁的媛媛从被窝里抱起来要穿衣服时,媛媛小声说:"妈妈,我不想上幼儿园。"可是妈妈要上班,只好硬着心肠把孩子送到了小二班门口。"妈妈,你别走,我不想上幼儿园。"媛媛哭喊着拽着妈妈的衣角,死活不肯进班。终于,在妈妈连哄带劝下,媛媛脸上挂着泪珠,一步三回头地走进了活动室。

案例分析

　　入园和离园环节蕴含着丰富的教育契机。

　　从本案例来看,这是由于幼儿心理适应能力差及消极情绪而导致的分离障碍。这一幕可能在很多幼儿园门口上演着。这看似平常的场景是否隐藏着某些被我们忽略的信号?幼儿不愿上幼儿园的原因有以下几方面:

　　1. 幼儿的需求在幼儿园不能及时得到满足。对幼儿来说,在家里,不但能及时满足自己各种需求,而且还具有安全感。而到了幼儿园后,幼儿的很多需求不仅无法得到满足,他们还要独自面对、处理各种问题,不难想象幼儿会产生失落、焦虑与不知所措之感。

　　2. 不适应陌生环境。幼儿在家中受尽呵护,到了幼儿园,必须遵守各种规范:所有的东西都需要与人分享;喝水、玩玩具都得排队等候;集体活动时要守秩序,不能随便讲话等。到处都是限制,让幼儿觉得幼儿园真不好玩。习惯了自己熟悉的家,现在却得长时间待在充满限制的幼儿园,孩子会感到莫名的焦虑与不安。幼儿的心理适应能力具有个体差异,有的幼儿适应得快,有的幼儿适应得慢。适应慢的幼儿,入园哭泣现象会持续更长时间。

3. 在集体中感受到挫折。在幼儿园,幼儿可能因为各种原因产生挫败感,如因听不懂老师的话,而没能达到老师的要求;受到老师批评;没有受到老师的关注;想与其他幼儿玩而被拒绝等,这些都会使幼儿产生心理压力,一想到上幼儿园就紧张。

4. 由于生病或其他身体不适的原因,中断一段时间后又来上幼儿园的幼儿,会对幼儿园产生陌生感。

 指导建议

1. 对于刚入园的幼儿,家长应了解幼儿园的一日常规和基本要求,培养幼儿初步的生活自理能力和良好习惯,给幼儿安排与幼儿园相一致的作息时间,缩短家庭与幼儿园在生活、卫生习惯等方面的距离,使幼儿对幼儿园一日常规有一定的间接经验。

2. 如果幼儿在幼儿园遇到了挫折或受了批评,家长要帮助其克服困难或找出做错事的原因,教育幼儿要勇于克服困难,承认并改正错误。同时,家长还要与班级教师进行及时沟通,让教师全面了解幼儿情况,以便于教师发现幼儿闪光点并及时表扬和肯定,使幼儿建立自信心。

3. 若发现幼儿身体不适,可暂时不上幼儿园,在家观察;也可送幼儿去幼儿园,但要向教师说明情况,以便教师在必要时给予照顾。

4. 对于因病或其他原因中断一段时间后又来入园的幼儿,父母要事先做好耐心细致的思想工作,让幼儿对重返幼儿园有一定的心理准备。同时,送幼儿入园要持之以恒,没有特殊情况不要随意中断。

当幼儿因不愿上幼儿园而哭闹时,心中可能有很多的焦虑与恐惧,教师和家长应耐心了解情况,多给予鼓励,给幼儿最温暖的支持,才能帮助幼儿突破心理障碍,勇敢地面对问题,从而喜欢上幼儿园。

 案例三十　为什么每天来接的时候都这么乱呢

案例呈现

场景一:下午17:10,幼儿离园前20分钟。教师:"下面请小朋友去厕所解小便,然后拿好衣服回到座位上坐好。"教师话音刚落,几十个幼儿就匆匆挤在一起上厕所、拿外套。有一部分幼儿还三三两两围在活动角里玩,在教师的再三催促下才肯回座位。

场景二:下午17:20,幼儿离园前10分钟。教师要求幼儿坐在小椅子上等家长来接,教室里响起了音乐。但是没过多久,幼儿就开始相互说话了。教师在一边说:"小嘴巴闭起来""请安静等爸爸妈妈来接",但幼儿不予理会。

场景三：下午 17:30，幼儿开始离园。整个教室瞬间炸开了锅，家长来接的和没来接的幼儿都激动地站起来。家长来接的幼儿跟教师说"再见"；家长没来接的幼儿或聚集在门口焦急地等待家长的到来，或疯狂地玩、叫、追逐、打闹。教师在一旁高喊："君君请你回到自己的位置上。""明明不要跑，小心撞着。"……同时，教师还不忘用眼睛瞪一下正在大叫的亮亮，提醒他小点声。

场景四：下午 18:00，幼儿离园后。两位教师相互看了一下，叹了口气："唉，怎么每次来接的时候都这么乱！"

案例分析

这是某幼儿园大班幼儿离园时的一个真实情景，同时也是大多数幼儿园幼儿离园过程中出现的极为常见的案例。

此案例中的混乱场面让人叹为观止。场景一中，教师让幼儿一起去上厕所，由于人数多，幼儿因拥挤导致秩序混乱，这是很不安全的。有些幼儿此时还专注地在活动角里玩游戏，却被教师硬拉回座位上。场景二本该是每个教师都希望看到的理想状态，幼儿安安静静地坐在座位上，边听音乐边等待家长的到来。但现实却恰恰相反，幼儿相互说话，教师在一旁不停地提醒，幼儿却不予理睬。场景三是最让教师头疼的离园环节，教师既要组织好幼儿，避免发生意外事故，又要做好与家长的交流沟通，着实有些手忙脚乱。自然就有了场景四中教师的感叹："唉，怎么每次来接的时候都这么乱！"

每天离园的时候，正是幼儿最难管理的时候，他们个个归心似箭，都盼望着和爸爸妈妈相见。因此，离园活动是一个比较难组织的环节。多数幼儿园在离园环节上是这样做的：

1. 整理幼儿穿戴。虽然下午起床的时候已经整理过了，但是经过下午的活动或有些幼儿不良的行为习惯，往往又衣冠不整了。所以，每到幼儿将要离园时，教师都会给幼儿整理整理衣裤，洗洗脸，把幼儿整整齐齐、干干净净地交给家长。

2. 回忆一天生活。家长接到孩子后的第一个问题往往是："今天在幼儿园做了点什么啊？学了点什么啊？"其实，幼儿园的一日活动内容非常丰富，对于小年龄的幼儿来说，这些笼统的问题他们很难向家长汇报清楚。所以，教师会利用离园前的这段时间和幼儿一起回忆这一天的生活，帮助他们记住一些重要的内容。通过回忆一天的生活，可以培养幼儿归纳、整理的思维习惯和语言表述能力，也可以让家长对幼儿的在园生活进行间接了解。

3. 讲故事或听音乐。即教师按照幼儿的要求，为他们讲喜欢的故事或播放他们喜欢的音乐，场景二中正是采用了这种做法，但收效并不好。其实在离园前让幼儿听故事或音乐都是行不通的，因为这两种活动都需要幼儿保持一定的注意。而此时幼儿的心思都放在家长何时来接自己上，很难集中注意力去听故事或音乐。

这样看来，在离园环节，很多幼儿园教师除了给幼儿整理衣服外就剩下回忆生活了，这显然是单调乏味的。

《幼儿园教育指导纲要（试行）》总则部分指出："幼儿园应为幼儿提供健康、丰富的生活和活动环境，满足他们多方面发展的需要，使他们在快乐的童年生活中获得有益于身心发展的经验。"同时也要"科学、合理地安排和组织一日生活"。可见，我们必须对幼儿一日生活的各个环节进行科学、合理的安排和组织。其中，离园活动的有效组织也是不容忽视的。就本案例而言，大班幼儿爱学、好问，有极强的求知欲望，动作灵活、控制能力明显增强，活动范围大大扩展，活动的自主性和主动性有了进一步的发展，创造欲望较强烈，能提出自己的活动想法，有主动参与活动的热情与能力。大班幼儿的心理活动水平也有了很大的发展，他们在一项活动中的持久性、目的性和专注性都有了较为明显的提高。但是常规的离园活动大多以集体活动的方式进行，并不能充分发挥幼儿的自主性和选择性。因此，虽然教师们绞尽脑汁、苦口婆心地组织活动，但收效甚微。

因此，我们在尊重儿童的基础上，本着为幼儿提供健康、丰富的生活和活动环境，满足幼儿发展需要的原则，对于"如何组织好离园环节"这一问题，可以尝试从以下两方面来考虑：

1. 设计趣味化的离园活动。教师应了解、挖掘幼儿的兴趣点，从日常教学活动和活动区中生成幼儿的兴趣点，不间断地丰富材料，优化活动形式和内容。

2. 设计自主化的离园活动。允许幼儿自主选择离园活动，开放各种区角，鼓励幼儿多动手，同时要求幼儿回家前把自己玩过、用过的东西归还原处，这也有利于幼儿整理、收拾，遵守游戏规则等良好习惯的养成。

 指导建议

教师怎样做才能组织幼儿有序离园，为幼儿快乐的一天生活画上圆满的句号呢？下面这些活动可供参考。

1. 区角活动。教师可在离园前的一段时间向幼儿开放班级的图书角、美工角、益智区等活动区，幼儿可以在这些区角翻看自己感兴趣的图书，做一些简单的手工，玩一些益智类的玩具。同时要求幼儿在回家前把自己看过的书、玩过的物品整理好并放回原处，以培养幼儿收拾整理的良好习惯。

2. 组织一些合作式的规则类游戏。教师可让幼儿自由结伴，做一些规则类游戏，如：数字接龙、长短接龙、数数击掌、手指游戏等。这些游戏既可以增长幼儿的学识，更能让幼儿体验同伴间相互合作进行游戏的乐趣，也能学习如何正确地与同伴交往。

3. 设立分享日。教师可以把某一天固定设立为分享日，允许幼儿在分享日这天把家里心仪的玩具、图书带到班上，放在教室专门安排的地方，让幼儿在离园前的活动中互相交换各自的物品，这样既能丰富活动内容，又能增进幼儿间的友谊，也使幼儿体验到同伴间分享、合作的乐趣。

案例三十一　　**不能这样就把孩子接走**

案例呈现

　　下午18:00,孩子们陆续都被家长接走了,小张老师发现只有浩浩还坐在等候区,两只眼睛可怜巴巴地望向大门口。突然,浩浩向大门口跑去,原来是爸爸来接他了。只见浩浩从爸爸手里拿过接送卡,跑着送到小张老师面前。小张老师挥了挥手,远远地和浩浩爸爸打了个招呼。浩浩跟小张老师说了"再见"便再次跑向爸爸,跟着爸爸走了。这时门卫李师傅向小张老师走来并说:"刚才的那个人,你就这样让他把孩子接走吗?"小张老师有些诧异:"那是浩浩的爸爸,接送卡也给我了,为什么不让接呢?"李师傅说:"你过去和他说几句话吧!"小张老师走到浩浩爸爸跟前打了个招呼。他一开口,满嘴的酒气扑面而来,并且说起话来舌头有些发直。小张老师这才知道,浩浩爸爸酒喝多了。于是,小张老师拒绝了他接孩子的要求,让他打电话请别人来接。

案例分析

　　这是一个典型的幼儿不安全离园的案例,类似案例在幼儿离园环节时常出现。

　　案例中,小张老师仅凭一张接送卡就把浩浩交给了他爸爸,险些酿成安全事故,发人深省。小张老师在送幼儿离园时,只凭自己的主观臆断,以为有了接送卡,就可以让家长接走孩子。浩浩的爸爸来接孩子时,小张老师也没有做好离园时的沟通工作,只是远远地看见家长来接就把孩子交给家长。幼儿园安全无小事,但是,很多教师常常忽视工作细节,没有绷紧安全教育这根弦。

　　《幼儿园教育指导纲要(试行)》中指出:"幼儿园必须把保护幼儿的生命和促进幼儿的健康教育放在工作的首位。"所以,安全工作是幼儿园工作中的重中之重。现阶段,大多数幼儿园为了确保幼儿安全地入园、离园,都制定了家长凭接送卡接送幼儿的制度。接送卡的使用,在一定程度上保证了幼儿的安全。但是,即使有了接送卡,教师若稍有疏忽,仍有可能存在安全隐患。在接送卡的使用上,不能单凭接送卡就让家长接走幼儿。应近距离地和家长做简单交流,确认家长无情绪和身体上的异常后,才可以接幼儿出园。幼儿园教师在家长会上,应该和家长朋友们做好沟通,如果有事情请人代接幼儿,一定要持接送卡并提前电话告知教师。此外,教师也应多总结工作中遇到的安全问题,并及时和同事们交流看法,杜绝类似情况再次发生。

　　但是在幼儿园却经常有安全事故发生,该如何避免呢?

　　1. 教师要提高安全意识。幼儿教师应该心思细、眼耳勤、手脚快,注意观察存在的安全隐患,提前采取应对措施,避免安全事故的发生。

　　2. 加强对幼儿日常的安全教育。幼儿求知欲旺盛,好奇心强,行为随意性大,自制力差,易受

情绪的支配,需要教师平时对幼儿进行反复、经常性的安全教育,让幼儿了解安全的重要性,提高他们发现安全隐患、避免事故的能力。

3. 新入职的教师应快速提高自己的专业能力,使自己尽快适应幼教工作,及时发现活动中的各种安全隐患,有效降低活动意外伤害的几率。

在幼儿园的日常活动中,安全隐患处处存在,安全问题不容忽视。我们应该加强教师、幼儿的安全意识,提高幼儿自我保护的意识和能力,避免一切安全事故的发生。

指导建议

要真正确保幼儿安全离园,幼儿教师、幼儿及家长应该共同努力。

1. 幼儿应安静、耐心地等待家长。家长来接时,幼儿应该主动和老师说:"××来接我了,老师再见",不独立离开幼儿园,不跟陌生人走。

2. 教师应该注意与家长当面交接幼儿,且必须使用接送卡,确保幼儿安全离园。教师应教会幼儿说:"××来接我了,老师再见";教育幼儿不要单独离开幼儿园,有陌生人来接,要主动告诉老师;注意幼儿仪表形象,协助幼儿整理好衣物,干净整洁地离园;严禁家长进班接幼儿,必须在班级门口交接。在此期间教师和家长交流沟通要简短,注意照顾班内幼儿。

3. 家长应遵守园内制度,按规定时间持接送卡接幼儿,严禁进入班内接幼儿以防止混乱;带幼儿和老师打招呼,教会幼儿说:"××来接我了,老师再见";不让家长带着幼儿在园内逗留,以免影响离园秩序。

案例三十二　怎么又这么早来接我呢

案例呈现

"妈妈,你怎么又这么早来接我""妈妈,我还有事想跟老师说呢,等会儿再走""奶奶,我不走,我还想再玩一会儿,明天你晚点来接我"……

离园时间到了,某幼儿园中班有不少幼儿还在黏着老师。他们七嘴八舌地和老师说着话,丝毫不理会来接的家长。家长们见到这种情景也觉得很诧异,以前不愿意上幼儿园的孩子,变得越来越不愿意离园了,总觉得在幼儿园没待够。这是怎么回事呢?

案例分析

这种现象在不少幼儿园都出现过。这些语言多出自中班以上的幼儿,小班幼儿是很少说的。

按照常理分析,幼儿从早到晚几乎一整天的时间都在幼儿园里度过,到离园时见到家人应该很高兴地随他们回家,可为什么会出现这种现象呢?分析原因应该有以下几点:

1. 幼儿对幼儿园的集体生活及环境已经熟悉。中大班幼儿已经来园 1 年多的时间,消除了刚刚脱离家庭生活、离开亲人时的焦虑情绪,对老师及小朋友也建立了一定的感情,不像原来那样天天、时时盼着家人来接了,他们的情感在幼儿园找到了寄托。

2. 有不少幼儿虽然一整天都在幼儿园和老师、小朋友在一起,但他们可能一直没有机会与老师个别交流。在离园时,因为幼儿逐渐少了,老师的事情也相对少了,那些幼儿才真正有机会与老师个别交谈,问一些他们一直想问却没有机会问的稀奇古怪的问题,不愿离园的情绪也随之高涨,缠在老师身边说个不停。在他们还没有发泄够的时候,当然不希望家长过早地来接,介入到自己与老师或小伙伴的交谈中。

3. 在当前的教育体制下,幼儿园既要令家长们满意,又要完成规定课程。所以从一来园开始,老师和幼儿们就都像上紧了的发条,一刻不停地运转。入园、早餐、上课、做操、户外游戏、午睡、上课、吃饭,一整天的时间被各个环节占得满满的。幼儿没有或很少有时间是真正以自我为中心来进行活动的。离园时因为可以自由选择玩具,不用再受任何时间及规定的限制,想玩的欲望从内心不受束缚地迸发出来。

综合上述原因,第一点和第二点原因的因素固然存在,但真正导致幼儿不愿离园的原因应是第三点。我们从幼儿园教师制定的一日工作计划可以看出,幼儿的一日活动被安排得非常满,就连喝水、上厕所都精细到几点几分。其实,这样精细化的安排并不是不好,它可以减少时间的隐性浪费。但是,这种细致的安排带来的一大负面后果就是留给幼儿真正属于自己的时间太少了。虽然教师也准备了各种适合幼儿年龄特点及发展的活动,绞尽脑汁、变换花样地让幼儿在游戏中体会快乐。可归根结底,活动的主导者仍然是教师,幼儿只是被动地跟从。就连幼儿喜欢的户外活动也是规矩重重,很少允许幼儿自由发挥,极大地束缚了他们的天性。试想,在这种活动安排下生活一天,幼儿真的是快快乐乐、无忧无虑吗?也难怪幼儿在离园时会那么留恋和不舍,有的在家长来接时不走,有的在离园时疯狂玩耍,似乎要把这一天的时间在这会儿都给补回来,好好玩一玩平日里很少玩的东西。

《幼儿园教育指导纲要(试行)》中指出:"幼儿园的教育是为所有在园幼儿的健康成长服务的。""幼儿园的教育活动是教师以多种形式有目的、有计划地引导幼儿生动、活泼、主动活动的教育过程。""幼儿园应为幼儿提供健康、丰富的生活和活动环境,满足他们多方面发展的需要,使他们在快乐的童年生活中获得有益于身心发展的经验。"要想解决案例中出现的问题,就需要教师多多地投入。首先,教师要从幼儿入手,真正了解他们需要什么,对什么感兴趣,需要用什么方式来发泄自己心中的情感,然后再据此安排幼儿的一日生活。当然这不是一朝一夕能完成的工作,它需要幼儿教师用心去理解幼儿,真正从幼儿出发,为幼儿着想,让他们愉快度过每一天。

 指导建议

幼儿园应科学、合理地安排和组织幼儿的一日活动,可以参考以下建议:

1. 时间安排应有相对的灵活性和稳定性,既要利于形成秩序,又要满足幼儿的合理需要,且照顾到个体差异。教师在幼儿一日生活中灵活的安排、适时的调整和有效策略的运用能大大减少不必要的时间浪费,如:倒牛奶时提醒幼儿把自己这张桌上的茶杯放在一起,教师倒的时候便能减少茶壶的移动范围。当然这些有效策略的运用,需要教师时时处处做有心之人。

2. 教师直接指导的活动和间接指导的活动相结合,保证幼儿每天有适当的自主选择和自由活动时间。《纲要》中指出:教师直接指导的集体活动要能保证幼儿的积极参与,避免时间的隐性浪费。教师在组织集体活动时要充分挖掘幼儿兴趣,做好课前准备,保证幼儿在这一活动时间段主动活动、充分活动。教师还可以引导幼儿自发地组织各种小游戏,使消极等待变为积极等待,如吃点心时,可引导吃得快、先吃完的幼儿,找个朋友自主游戏(如玩手指游戏"石头、剪刀、布");在等待教师分午餐时,可引导全体幼儿玩一些适宜的游戏,把等待的时间变为游戏活动时间,让幼儿独立自主、心情愉快,通过自由活动和小游戏把幼儿从教师的束缚中解放出来。

3. 为幼儿提供健康、丰富的生活和活动,满足他们多方面发展的需要,使他们在快乐的童年生活中获得有益于身心发展的经验。《纲要》中明确指出:"幼儿园的教育内容是全面的、启蒙性的,可以相对分为健康、语言、社会、科学、艺术五个领域,也可作其他不同的划分。各领域的内容相互渗透,从不同的角度促进幼儿情感、态度、能力、知识、技能等方面的发展。"因此,教师要认真分析各年龄段幼儿的心理水平、发展需要以及幼儿生活与学习相互影响的关系,根据不同幼儿的年龄特点,选择有特色的内容作为计划中的预设活动。在活动中,教师要密切关注幼儿对该事物多方面的兴趣,将幼儿感兴趣的、有意义的话题生成新的活动,从而派生出一系列活动内容,充实和丰富预设的活动。

第八章

班级室内教育活动管理
案例诊断与分析

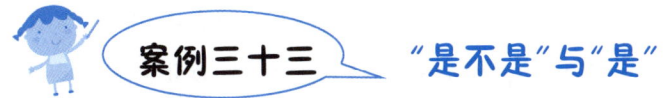 **案例三十三**　　　"是不是"与"是"

案例呈现

幼儿园中班教师在组织语言教学活动《小猪盖房子》。以下是部分活动过程：

（一）师：小朋友们，今天咱们看看有三只小猪如何盖房子。

（二）逐幅看图片，教师提问：

1. 师：三只小猪有没有盖成房子？

　　幼：盖成了。

2. 师：三只小猪盖的房子是不是不一样啊？

　　幼：是。

3. 师：三只小猪盖的房子有什么不同呢？

　　幼：稻草、木头、砖……

 **案例分析**

　　这是一起幼儿园教师在室内教学活动中使用单一、枯燥的教学语言，机械地完成教学任务，缺乏激发幼儿本身的学习兴趣和求知欲望的案例。

　　教学语言是教学信息的载体，是幼儿园教师完成教学任务、实现教学目标的主要工具。苏霍姆林斯基说过：教师的语言修养在极大程度上决定着学生在课堂上的智力劳动效果。幼儿园教师教学语言的生动、规范、流畅、正确，有助于激发幼儿心智活动，启迪幼儿思维；有利于培养幼儿良好的品质，有效促进幼儿能力的发展。

幼儿教师的语言具有一定的特殊性,对幼儿的成长和发展有着非常重要的作用,这就决定了幼儿教师的语言要标准、规范,要能体现人性化特点,具有艺术化特征,并结合其他多种形式的语言充分发挥语言魅力,使幼儿伴着教师富有魅力的语言健康快乐地成长。

对于语言发展迅速的3—6岁幼儿来说,教师教学语言的作用尤其明显,它不仅是幼儿学习的榜样,还影响着其思维等方面的发展。但据调查,幼儿教师在教学语言素养上往往存在如下问题:

1. 不规范。有些教师的语言较随意,表达不够准确,如经常会冒出"把手拿出来""本来的我""一只椅子"等语言。有些教师的语言松散、零乱,还常伴有口头禅,导致教学语言不严谨,影响教学活动效果。

2. 繁冗多余。主要表现在对完成教学目标没有任何意义的、重复性语言较多。如一位教师在30分钟的教学活动中共问了13次"好吗""好不好""明白了没有""知道了吗"等问题,并单纯重复幼儿的语言达6次之多。

3. 缺乏科学性。一些教师受个体经验、知识等因素的影响,加上驾驭教学语言的能力有限,教学态度不够严谨,致使传递的信息缺乏科学性,甚至是错误的,如"可乐是水""打雷后一定会下春雨"等。

阻碍教师提高教学语言素养的原因主要有以下六点:

1. 教师自身不够重视。有些教师认为教学语言不用事先准备,可以临场发挥,结果往往因紧张而语无伦次,影响幼儿理解。有超过80%的教师将自己的教学语言素养不高视为不可逾越的障碍,认为教学语言的优势是天生的。有些教师则采取回避态度,如利用多媒体技术来弥补自身教学语言素养的不足。

2. 缺乏对幼儿心理特点的认识。3—6岁幼儿的思维处于直觉行动和具体形象思维阶段,幼儿能够理解的语言是具体形象的词汇,所以和幼儿对话应该使用"儿童化语言"。教师应该将书面的知识、成人的语言进行转化,转化成幼儿听得懂的语言。如果缺乏对幼儿特点的了解,就无法进入幼儿的话语系统,往往在课堂上出现"成人化语言",幼儿如听天书。

3. 缺乏一定的语言素养。语言的素养表现为运用语言的熟练度、准确度和流畅度,及在各种语言环境中的言语行为。教师语言素养绝非一日之功,是日积月累逐渐形成的。幼儿园教师一定要加强学习,丰富自身的文化知识,加强语言训练,提高师德修养,才能不断自觉规范自己,提高自己,为幼儿树立良好的榜样。

4. 缺乏课堂上的应急机智。课堂上,教师总是处于一种较为兴奋和紧张的状态。尤其是公开课,很多老师对自己缺乏自信。为了掩饰和缓解自己的紧张情绪,教师就会用一些有意或无意的重复来为自己争取思考时间,串联教学环节。幼儿园课堂上特别容易出现意外,有的教师能凭着良好的教学机智巧妙化解,而有的教师却乱了阵脚、不知所措,话说了不少,却是低效、甚至是无效的。

5. 缺乏对教学新理念的真正理解。现在的课堂教学,注重幼儿自主学习,于是,为了凸显幼儿的主体地位,有些教师总是喜欢用婉转的、商量的语气给学生下达每一个指令——"好不好""行不行""想不想"……有些教师为了突出对幼儿的尊重,课堂上频繁使用"很好""你真棒"等泛化的表扬,往往使幼儿感到不真实,而失去了教育功能。

6. 针对教师教学语言素养的专项培训欠缺。一般而言,幼儿园内 45 岁以下的教师都持有普通话合格证书,大家往往产生"通过普通话考试就是具备了较高水平的教学语言"的错误认识。目前,业内对幼儿园教师教学语言素养缺乏评价标准和培养方法,对教师教学语言的培养目标及途径尚不明确。

 指导建议

1. 精心准备。教学活动前,教师在设计教案和熟悉教学内容的基础上,要精心组织教学语言。一些教师认为教学语言不用事前准备,可以临场发挥,结果却是在活动中,语无伦次、晦涩难懂,影响幼儿的理解,严重影响教学效果。备课的过程应该是教学过程事先在头脑中的预演,应该是一个动态的脑力劳动过程,在这个预演过程中,环节怎样过渡,每一个问题怎样提出,提出的问题幼儿可能作出怎样的回答……都应该是教师备课的内容。只有准备充分了,课堂上才能从容不迫。

2. 关注幼儿。幼儿园集体教学中教师的一个最重要的基本功就是能"读懂孩子"。幼儿的理解能力及表达能力有限,课堂上要听懂幼儿的话,需要教师懂得幼儿的生活经验、游戏、规则。正如一个刚学会说话的孩子只有他的家人能听懂他说什么,那是因为家人和他共同生活,了解他的经验、认识等等。所以教师在课堂上要善于"察言观色",要敏感地察觉幼儿是否听懂了自己的讲解、要求、指令等,关注幼儿的一言一行,从中获得反馈信息,根据幼儿的反应,适当调整教学内容,或者改变语言的表达方式,或者改变组织形式。幼儿园的集体教学以口头交流为主要语言方式,能否达到有效教学的目的,师生互动的有效性极为关键,因此,教师要根据活动中幼儿的言行表现做出积极有效的调整,才能实现教师有效地教和幼儿有效地学,最终达到理想的教学目的。

3. 生动表达。幼儿的年龄特点决定了幼儿园教育教学与中小学教育教学的最大不同点在于,幼儿教师的语言应当更加生动、有趣、形象、活泼。许多新教师,或者中小学转岗来的老师,最大的问题就是没有儿童化的语言,他们常常会进行大量的解释、讲解、说明,他们所说的话是正确的,但是对于幼儿来说却是无效的。因此,幼儿园教师要具备一种语言转化能力,要善于将抽象的内容具体化,善于将事物的形态、特征具体而形象地展现在幼儿的眼前。在语言表达时,幼儿园教师还需要综合运用眼神、身体动作等,眼神可以告诉幼儿"我在和你说话呢",身体动作可以形象地表达所说的内容,帮助幼儿理解。心理学研究表明:对感官富于刺激性的语言,最能引起儿童的兴趣。因此,幼儿园教师通过生动形象的儿童化语言,能够提高幼儿的学习兴趣,激发幼儿的想象力。

4. 情感调控。每个孩子都有期望得到老师"爱抚"的心理需求,幼儿对教师的情感态度影响着师幼交流的效果。有些教师会用一些强制性手段维持课堂秩序,比如批评、训斥、惩罚等,表面上这些强制性语言是有效的,能暂时控制秩序,让幼儿按照指令去做,而实际上,在这一过程中孩子的心理体验是消极的,经常性地使用消极语言,会让幼儿失去学习兴趣,甚至产生心理影响。教师只有在与幼儿的语言交流、互动活动中,让幼儿感受到爱护、关怀,幼儿才能获得依恋、安全

等情感体验,形成对教师的亲近、信任、接纳等情感态度,从而拉近师幼间的心理距离。教师的肯定、赞许、期待等积极性评价语言,能让幼儿感受到教师的关注,感受到平等、尊重和信任,感受到学习的快乐。

5. 自我反思。所谓反思就是思考过去的事情,从中总结经验教训。教师通过反思可以真正了解自己在做什么,以及为什么要这样做。比如看自己的课堂录像、请同事听课等,在自我剖析的过程中找到问题,对存在的问题做客观的分析,通过分类和归因,得知自己的症结所在,以便"对症下药"。如若发现自己的课堂语言中有较多的"口头禅"或发言重复,则要有意识地去注意它、控制它,就能得到很好的纠正。教师要通过实践——反思——再实践——再反思,不断提高教学水平,实现自己的专业成长。

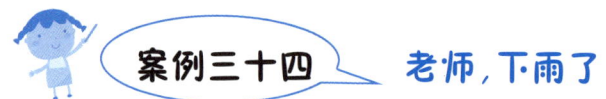

案例三十四 老师,下雨了

案例呈现

　　小王毕业后应聘到一所幼儿园任教。一天,小王老师所在的小一班正在组织数学活动,突然天色暗了下来,下起了小雨。有的幼儿喊起来:"老师,下雨了!"有的幼儿叫着:"老师,咱们去看雨吧。"有个胆小的幼儿跑到老师身边,拉着老师喊怕。这时小王老师急了,大声吼起来:"不要乱闹,到座位上坐好。"

案例分析

　　当室外的刺激强于室内时,幼儿注意力容易分散。遇到突发事件时,教师一味禁止幼儿不准看、不准喊、不准离开座位,说明这位教师的随机应变能力较差。这种现象,在年轻幼儿教师中是比较常见的。面对突发事件,幼儿教师的随机教学机智是成为一名优秀教学实践者的必备条件。

　　1802 年,德国教育家赫尔巴特第一次将教育机智的概念引入到教育议题中来。他在演讲时说:"关于你究竟是一名优秀的教育家还是一名拙劣的教育家,这个问题非常简单:你是否发展了一种机智感呢?"

　　那么,什么是随机教学机智呢? 仁者见仁,智者见智。随机教学机智是能够拨动儿童心弦的表现;是能够捕捉教育契机的洞察力;是能够消除隔阂、打破僵局的应变力;是能够画龙点睛、掀起高潮的推动力。从某种意义上说,缺少或没有教学机智的教学,既无法展示教师的教学魅力,更不能落实新课程的课堂教学要求,提高教学的质量和品位。我们的教师,应当抓住一切可能的契机,利用一切可能的教育因素,使自己的课堂充满生命活力和智慧的挑战。教师随机应变能力是随机教育机智的集中体现。在应变活动中教师的随机教学机智有四大特征:

1. 应变性。活动中偶发事件的出现具有活跃、散漫性和随机性强的特点,它往往突然发生,教师无法估计它在什么时候来临,不可能事先作好具体应变的准备。这一特点显示了应变能力的难能可贵。

2. 决断性。当某一偶发事件突然出现时,教师必须以最快的速度予以处理。容不得慢慢思考与琢磨,有时哪怕迟疑片刻,都有出现混乱的可能。决断能力是随机教学的灵魂。

3. 准确性。随机应变不仅要求快,还要求准。即要求"对症下药",抓住问题的症结所在,对活动目标、内容之间的偏离予以应变。如果偏离了"定向""定度"的控制要求,就会造成无效信息率增高,有效信息率降低。

4. 巧妙性。随机应变不仅要求快和准,更要求应变的策略技巧,包括方法巧、时机巧,既能因势利导,又能把握分寸,做到适度、适时、适情,方能巧中见奇,奇中见效。

总之,随机教学机智作为一种艺术,是教师在长期观察幼儿情绪和行为变化的实践中培养出来的一种综合能力,它要求教师从宏观上能敏锐感觉到活动中各种细微变化;从微观上能观察到幼儿性格内在和外在的表现,从宏观与微观的联系中,从表象与本质的统一中,生发出巧妙的随机应变策略来。例如,在一次户外观察花的活动中,一位教师正引导幼儿仔细观察花的颜色和形状,突然一名幼儿喊起来:"蝴蝶、蝴蝶,有蝴蝶!"其他幼儿听见喊声都跑了过去,争着看蝴蝶。此时,这位教师也跟了过去,她说:"蝴蝶最喜欢花,我们看看蝴蝶到了哪些颜色、哪些形状的花上玩耍,喜欢和哪些花交朋友?"听教师这么一说,幼儿都积极地观察,争先恐后地说蝴蝶喜欢哪朵花,这朵花是什么颜色,什么形状。这位教师的随机教学机智就充分体现了应变性、决断性、准确性、巧妙性这四大特征,使活动达到了预期的目标,幼儿也非常积极、主动,得到了满足。

由此可见,随机教学机智是对教师的考验和磨炼,它促使教师更加深入地钻研教材,精心备课,以随时应对幼儿在课堂上的"发难",真正做到教学相长。但是年轻教师最缺乏的就是运用教学机智的技巧,虽然有运用教学机智的意识,但有时往往发挥得事与愿违,造成了只有"放"而难于"收"的结果。

 指导建议

教学过程中经常会出现偶发性事件,教师不要慌张,也不能乱发脾气,必须做到沉着冷静,判断要正确,感情要克制,行动要果断,处理要谨慎,否则会在幼儿心灵留下难以愈合的创伤,造成师生关系的紧张和对立。教师要因势利导,注意发现和挖掘事件本身所包含的积极意义,化消极因素为积极因素,顺势进行教育。具体可采用如下策略:

1. 转移注意法。在教学中如果出现偶发事件,可利用幼儿注意力易转移,易受新异刺激影响的特点,运用转移注意法来处理。例如:一次学习序数的数学活动中,教师正在引导幼儿观察小动物的排列位置,这时有一名幼儿不知在做什么事情嘴里发出"嘟嘟嘟嘟"的声音,其他幼儿听到这种声音,目光一下子转向了这位幼儿。教师并未停下来批评这位幼儿,而是指着动物变换了声调说:"小动物要做一个捉迷藏的游戏,它们要躲起来,谁愿意来找它们?"这时全体幼儿的注意力一下子转移到了游戏上,争着来找小动物。又如:托班幼儿刚入园不久,一名幼儿哭会引起其他

幼儿跟着哭。这时教师就需要采用转移注意的方法,用新颖的玩具、好听的声音、好玩的游戏等,将幼儿的注意力从想家吸引到活动上来。运用转移注意法要注意:

(1)转移注意可采取多种方式,如:教具、玩具、幼儿喜爱的动画片人物、幼儿喜欢的活动等;

(2)刺激要新颖,容易引起幼儿注意;

(3)运用该方法时,教师要把握幼儿注意的特点,既要充分利用幼儿的无意注意,也要培养幼儿的有意注意。

2. 以动引动法。以动引动法是利用幼儿好动的特点,以活动来引导幼儿动,以此解决偶发事件的方法。这一方法是针对一些教师在处理教学中幼儿出现不守纪律、好动等偶发问题时教师以静制动的做法而提出的,它能满足幼儿活动的需要,能有效地将幼儿在教学过程中不守规则的"动"引导到有组织的活动中来。例如:在认识空气的活动中,教师在引导幼儿讨论:你用塑料袋装的空气是什么样的?讨论一会儿后,有部分幼儿坐不住了,开始动起来,不停地玩着塑料袋。这时教师说:"请小朋友把塑料袋里的空气放出来,再另外选个地方装一袋空气,看看是不是大家说的那样?"幼儿马上行动起来,使刚才讨论时的疲劳得以消除,又能集中注意地进行下一环节的活动。运用以动引动法要用与教学内容相关的活动来引动,这样可以使"动"与教学活动融为一体,使教学过程保持完整、连贯。

3. 以变应变法。当教学过程中突然出现意料不到的情况,影响教学的正常进行时,教师可以以变应变。例如:教师在组织看图讲述时,张贴的动物图片突然掉了,幼儿全部叫了起来,有的幼儿还跑上来捡图片。这时教师非常镇静,面带微笑地说:"小动物没站稳摔倒了,谢谢小朋友把它扶起来,这次你可要站好了。"张贴好图片后,讲述活动继续进行,幼儿情绪丝毫没有受到影响。而本案例中,由于下雨,全班幼儿乱作一团,小王老师的做法是对幼儿大声吼叫,反映出其随机应变能力较差,采取的方法十分不当。遇到这类偶发事件,如果不准幼儿看、不准幼儿喊、不准幼儿走动是不可能的。因为幼儿的注意力容易分散,当外面的刺激强于室内活动的刺激时,他们的注意一定会被新奇、多变的事所吸引,这时教师应该顺应这种变化,运用"以变应变""随机调整"的方法,因势利导地进行教育。运用以变应变法要注意:

(1)遇到突发事件教师不要慌张,更不要采取一些消极手段解决问题。要善于发掘偶发事件中的积极因素,巧妙地利用这些积极因素,因势利导地解决问题。

(2)以变应变对教师的要求较高,也是教师综合素质的体现。因此教师要注意培养自己思维的敏捷性和分析、处理问题的能力,以便自如地采用该方法。

4. 暂时悬挂法。在教学活动中,幼儿可能提出一些教师意想不到的问题,有的问题与本次活动关系不大,有的问题教师很难回答和解释。这时教师可以采取暂时悬挂法,将这些问题留待教学活动后解决或鼓励幼儿自己去寻求答案。例如:在创编故事"小兔拔萝卜"的活动中,一位幼儿向教师提问:"图画里的萝卜这么小,为什么小兔还拔不动呢?"这是一个比较难回答的问题,如果讨论下去会影响活动主要目标的达成。这时教师说:"这个问题提得很好,不过现在时间很紧,我们把故事编完了再来讨论,好吗?"幼儿都认为教师说得很有道理,都赞成下课以后再来讨论,这个问题被暂时悬挂起来了。这样既不挫伤幼儿求知的积极性,又能鼓励他们自己分析问题、解决问题,同时保证了教学的进行。运用暂时悬挂法要注意以下几点:

（1）不是幼儿提出的所有问题都要悬挂起来。如果问题与本次活动的主要目标有密切关系，就应马上讨论或解答；如果问题与本次活动的主要目标关系不大，而且问题比较难回答，则采取暂时悬挂的方法。例如：一次语言活动，教师在给幼儿讲"兔妈妈和它的孩子们"的故事。一位幼儿问老师："为什么有的小兔是白色，有的是黑色，有的是灰色?"这个问题符合教师制定的目标，所以教师可以运用拟人的方法把兔子的颜色比喻成它们的衣服，也可以让幼儿自己讨论为什么兔子的颜色不同。

（2）如果教师答应了幼儿活动后对某一问题进行答复，那就一定要信守诺言，不要当时说了，过后忘了，这样会挫伤幼儿的积极性和求知欲。

5. 巧给台阶法。在教学活动中，当个别幼儿出现行为问题时，教师在给予帮助时还要注意给他们台阶下，千万不要让幼儿与教师情绪对立，否则不利于教育。例如：一位幼儿在活动中突然把同伴的玩具抢了，惹得这位幼儿大哭起来，教学活动也不得不停止。教师来到他俩身边问明情况后说："你把他的玩具抢了，他非常难过，你如果喜欢这个玩具该怎么做才对?"听教师这么一说，这名幼儿马上把玩具还给了同伴，还对他说："对不起，我不该抢你的玩具，应该向你借。"矛盾就这样很快得到了解决。又如：有一位女孩，因为来幼儿园的路上和妈妈闹别扭，心里一直不痛快。教学活动中旁边的幼儿碰了她一下，她就大哭起来，导致活动无法进行。教师问她为什么哭，她不说话，反而哭得更厉害。这时教师拿出一张纸巾边给她擦眼泪边说："我看看是不是眼睛里面进了沙子不太舒服，我帮你看看。"女孩忙回答："没有了。"教师说："眼睛里进了沙子不要哭，要做个勇敢的孩子。"果然女孩不哭了，活动又继续进行。可见教师运用了巧给台阶法，既不损害幼儿的自尊心，又有利于问题的解决。但是给台阶要与教育有机结合，让幼儿又下了台阶又知道自己哪里不对。

6. 巧妙暗示法。巧妙暗示法指当教学中发生偶发事件时，教师用语言、眼神、手势或间接的方式提示幼儿，以消除影响教学的不利因素。例如：教学中当某个幼儿在讲话时，教师走到他的身边轻轻摸摸他的头，或对他摇摇手，以提示他不要影响别人。又如：在一次语言活动中，幼儿正运用环境中的材料用动词说一句好听的话，但有两名幼儿注意力不集中，摸摸这，搞搞那。这时，教师取下一张小狗的图片对他俩说："小狗很想和你们交朋友，它想请你们说说它在干什么。"巧妙的暗示使那两名幼儿连忙放下手中的东西，看着图片说起话来。这种方法的使用既不影响教学的进程，也不伤害幼儿的自尊，确实为一种行之有效的方法。但巧妙暗示法要注意以下几点：

（1）可通过语言、延伸、手势、提问等方式进行暗示，暗示要巧妙，巧在自然、巧在含蓄、巧在不中断教学进程。

（2）使用此方法时，教师在教学活动中对幼儿的仔细观察非常重要，离开对幼儿的观察了解，就不可能捕捉教育契机。

7. 变换音量法。变换音量法指教师在教学过程中发现幼儿注意力不集中或注意力转移时，运用多种音量技巧如：声调的变化、语言的高低强弱变化以及速度的变化和停顿等来吸引幼儿的注意力。例如：在一次语言活动中，教师正在讲"小兔子找太阳"的故事，突然一名幼儿发出"啊"的声音，很多幼儿都去看他。这时教师没有停止讲故事，而是运用声调变化的技巧继续在讲故事中小兔和妈妈的对话，听着老师抑扬顿挫的声音，幼儿的头又转了回来。

8. 重点提问法。重点提问法指对于注意力不集中的幼儿,采用个别提问,使他把注意力转移过来的方法。这种方法既能使幼儿集中注意,又不伤害他的自尊,因此在实践中教师们经常使用。例如:在"学习3和4的相邻数"的数学活动中,教师发现有一名幼儿总是扭动着身体,注意力不集中,在提出"3的好朋友是几和几"的问题后,教师就请这名幼儿来回答,使他马上把注意力转移到问题上思考起来。但是运用这一方法一定要注意,如果请到的幼儿回答不了问题,教师一定不能批评、挖苦,伤害他的自尊和自信。

随机教学机智的锤炼和养成,谁也无法找到速成的灵丹妙药。从某种意义上来说讲,随机教学机智不是可以教出来或学出来的,而是在成功的喜悦和失败的苦涩中品出来的、悟出来的,有赖于教师艰辛的积累和创造。一名教师,只有不断丰富自己的文化底蕴,海纳百川,勤于思考,敢于超越,才有可能在与孩子们一次次的心灵对话中理解老师的含义,领悟教育的真谛。

案例三十五 小飞机模型不见了

案例呈现

　　大二班的琪琪是一名留守儿童,因父母在外地打工,琪琪长期由姥姥姥爷照顾。姥姥姥爷家境不富裕,所以生活十分节俭,平日里很少给她买玩具、学习用品等。每当看到其他幼儿将自己心爱的玩具带到幼儿园与大家分享或带来了漂亮的学习用品,琪琪都十分羡慕。最近一段时间,大二班发生了一件"怪事",班里总有幼儿向教师告状,说自己的东西不见了,婷婷说丢了挂在书包上的芭比娃娃挂件,丽丽说丢了小猪佩奇的驱蚊手环,亮亮说自己的好几支油画棒不见了踪影……教师一时也没有发现什么线索。

　　某日,教师在帮幼儿整理书包时,无意中发现琪琪的书包里藏了很多"秘密":婷婷的芭比娃娃挂件,丽丽的小猪佩奇手环……都在琪琪的书包里!惊讶过后,教师将琪琪的书包拉链拉好,不动声色地走开了。

　　翌日,轩轩带来了爸爸给他新买的小飞机模型与大家分享。可是户外活动结束后,模型蹊跷地不见了。教师忙说:"孩子们,轩轩的小飞机模型可是有魔力的,它飞到谁的书包里了,谁就赶快按住书包,不然它会自己飞出来的。"只见琪琪神情紧张,使劲按住了自己的书包。教师轻轻走过去说:"这个小飞机魔力可真大,居然飞到你的书包里来和大家玩捉迷藏了。你看轩轩都急哭了,我们一起把它送回去吧。如果你也很喜欢这个小飞机模型就告诉爸爸妈妈,让爸爸妈妈回家的时候也给你买一个,好吗?"琪琪点了点头,也明白了别人的东西不能随便拿。

 案例分析

该案例中,琪琪悄悄拿走了其他幼儿的物品,而教师采用巧妙的方法教育了琪琪,收效显著。琪琪的行为,在学前期幼儿的自我意识(尤其是自我控制)和社会性行为发展特点中,确有一定的代表性。琪琪喜欢其他幼儿的东西,于是就悄悄拿走放进自己的书包里,这反映了幼儿期具有如下身心特点:

1. 认知能力有限。由于幼儿认知能力有限,社会经验匮乏,规则意识模糊,所以对是非分辨得不是很清楚,如案例中的琪琪,认为自己喜欢的东西就可以拿走。

2. 自我控制能力较差。由于幼儿的神经纤维未发育完善,神经系统的兴奋性强于抑制性,导致他们不善于控制自己的行为和愿望。也正是这一特点,使得琪琪从别的幼儿那里看到自己喜爱的东西后,忍不住悄悄拿来据为己有。

3. 具有泛灵论的特点。幼儿认为周围一切事物都是有生命的,所以当教师说"小飞机模型飞到谁的书包里,谁就赶快按住书包,不然它会自己飞出来的"时,琪琪对教师的话坚信不疑。

总之,我们需明确的是,幼儿在与人交往中出现的一些消极行为,大多并不是幼儿的行为习惯,而是在某一特定阶段,幼儿还没有掌握有效的交流手段,而采取的自认为正确的方式。

此外,案例中教师的教育行为充满了智慧。教师在发现琪琪悄悄拿走了其他幼儿的东西时,惊讶之余并未冲动而为之,而是选择继续观察,静待教育时机。终于在琪琪拿走了轩轩的小飞机模型后,教师利用幼儿"泛灵论"的心理特征巧妙地用游戏化的口吻,引导琪琪将小飞机模型玩具主动送还给了轩轩,并采用移情训练法,让琪琪体会轩轩失去小飞机模型后焦急的心情。之后,又引导琪琪明白得到自己喜爱的东西的正确途径,如让父母买等,而不能随便拿别人的东西。教师的教育方法既保护了幼儿的自尊心,又起到了切实的教育作用,值得赞扬。

 指导建议

1. 抓住教育契机,生成社会教育活动。针对琪琪的情况,教师可以以此为契机,在给予琪琪更多关注和爱护的基础上,有意识地进一步培养大班幼儿"物权"观念,让幼儿拥有自尊自主的意识,通过一日活动引导琪琪学习一些与人交往的方法。教师还可借机开展专门的社会教育活动,如"别人的东西我不拿"等,让幼儿认识到不是自己的东西不能随便拿,如果想要或者借用别人的东西时,要经过别人的允许,并能有礼貌地向别人表达自己的愿望。

2. 通过家园合作,携手教育幼儿。教师可与琪琪的家长沟通,使家长意识到,父母的陪伴、关爱是幼儿身心健康成长的基础。建议父母多陪伴幼儿,并在一定程度上满足幼儿的心理和物质需求。

3. 使用行为练习法,逐渐帮助幼儿建立良好行为习惯。教师可允许琪琪借走班级活动区中的操作材料,并按约定归还。如此,既能满足琪琪对玩具的渴望,也能训练其良好的社会性行为。

第九章

班级户外教育活动管理
案例诊断与分析

案例三十六　　**在教室玩了两个星期**

案例呈现

　　小樊是学前教育专业的学生,第一次进入幼儿园实习。一日,校内指导教师向学生了解实习感受,小樊疑问:"为什么我们班的孩子天天在教室玩,两个星期了都没在外面玩过。×小班天天出去。"教师问道:"孩子们不做操吗? 老师为什么不组织孩子们出去玩,在教室孩子们都玩什么呢?"小樊说:"如果集体做操,做完操就回班。如果不做操就天天在教室玩。在教室就玩那几种玩具,孩子不愿意玩了就乱跑,还得我们管,想让他们安静一些就是看看动画片。我们班上老师说事情太多,孩子在教室里玩,老师还能做点事。而且快六一了,老师们要准备节目,选人、排练呢。"

 **案例分析**

　　幼儿园户外活动时间是幼儿每天与大自然接触(呼吸新鲜空气,接受阳光的沐浴,观树赏花)的重要时机,是一项自主自由的活动,对幼儿的身心发展有着重要的意义。法国著名医学家蒂索从医学的角度来评价体育活动:"运动能代替药品,但世界上任何药品都不能取代运动的好处。"首先从幼儿的身体发展特点来看,幼儿期处在生长发育的重要时期,他们的机体对外界环境的适应能力较差,身体各器官各系统发育尚未成熟、完善,容易因各种自然因素的变化而影响健康。而户外活动则成为他们锻炼身体的客观需要,能实现其身体发育和运动能力发展的平衡,提高身体的适应和抗病能力。其次,从幼儿的心理特点来看,好奇好动是幼儿的典型表现,因此,户外活动可以说是幼儿最喜爱的活动形式之一。运动则是幼儿探索客体环境的最有效手段,可以满足

幼儿大肌肉活动的需求,他们不仅需要通过运动来感知世界,而且需要通过运动来积累经验,使一天中的剩余精力得以"发泄",从而为他们的心理健康发展打下基础。从上述案例来看,幼儿在近两周内都被要求在教室活动,不利于幼儿身体的发展,也不能满足幼儿对户外活动强烈好奇的需求。

《幼儿园教育指导纲要(试行)》中明确规定了幼儿园要"开展丰富多彩的户外游戏及体育活动,培养幼儿参加体育活动的兴趣及习惯,增强体质,提高对环境的适应能力"。开展丰富多彩户外游戏的前提是为幼儿提供户外活动的时间和空间。《幼儿园工作规程》规定了:"幼儿户外活动时间在正常情况下,每天不得少于2小时。积极开展适合幼儿的体育活动,每日户外体育活动不得少于1小时。"《指南》中也指出"幼儿每天的户外活动时间一般不少于2小时,其中体育活动时间不少于1小时,季节交替时要坚持"。这些纲领性教育文件的精神都表明了户外活动的重要性。教师绝不能由于个人事务而占用或剥夺幼儿户外活动的时间。再宽敞的室内空间都不能给予孩子沐浴阳光、与自然亲近的享受,任何室内活动都不能替代幼儿的户外活动。因此,幼儿园应格外重视学前教育文件、法规中提出的科学化的要求。根据文件精神的科学引领,帮助幼儿获得有益的成长和发展。

 指导建议

1. 加强幼儿园管理,保证幼儿户外活动的时间。在以往的流程安排中,各年龄班的户外活动被安排在固定的时间,这种划一的时间安排导致了要么户外场地上都是人,要么一个人没有。本来幼儿园规定了每个年龄段和班级户外活动的具体时间和地点,教师只要在这个时间段带孩子到相应的地点开展固定内容的活动就可以了,如果时间和地点安排得比较合理,应该说也不会产生很大的问题。然而,事实上这种划一的指令性安排产生的一个严重后果就是造成了教师的被动性和惰性,看似教师们在按部就班、有序地开展活动,其实是在被动地完成任务而已,或者有些教师趁班级多"溜号"——做完操后,将幼儿带领回班。实际上,幼儿园户外活动并不一定要固定在某个专门的时间段。根据不同园所的实际条件可以将户外活动时间分散开来,如:晨间活动、早操、餐后散步以及通常上午和下午专门的户外活动时间。

2. 实施科学的管理和指导,建立常规保证户外活动的开展。在户外活动的场地和内容方面,都需要有一定的活动计划。如,根据幼儿园场地大小应合理规划区域,每个区域安排专门的教师负责该区域的活动,以便较容易地实施管理和指导。活动区域的大小和材料的投放可以根据幼儿的能力、兴趣有不同的划分。此外,幼儿园应鼓励教师利用一些没有安排的户外活动场地,并创编符合各年龄班的户外活动,组建户外活动研讨小组,定期研讨教师们自创的户外活动,推选出科学性强、趣味性高、幼儿喜爱的活动供园内各班级共享和借鉴。具体做法是在场地中标明活动项目,以挂牌的方式明示出来,让教师可以根据自己班级活动的需要选择场地与内容,并插牌告知其他班级。通过选择、插牌确认,让户外的空闲资源有序地流转起来,从而保证户外活动高效地开展。

案例三十七　不一样的走、跑、跳

案例呈现

又到了每天户外活动的时间,李老师像往常一样带着大一班的幼儿下楼了。早操结束后,李老师没有让幼儿自由选择玩具和游戏区,而是将幼儿留在了宽敞的集体活动区。"孩子们,我们来活动一下吧。"李老师说。接着,李老师提出了要求:"我们男孩一队,女孩一队,男孩女孩面对面站,现在所有小朋友后退五步,男孩跑过去拍一下女孩的手再跑回来。"男孩兴奋地跑起来。"好,现在换,女孩跑过去拍男孩的手再跑回来。"女孩又开始跑。接着,李老师换了要求:"男孩跑过去绕女孩一圈跑回来,接着换女孩。"跑完后李老师问:"累吗?"幼儿大声齐呼:"不累,一点都不累!"于是李老师又说:"请小朋友们手拉手围一个大圈。每位小朋友向右转,面向你的同伴(背面),现在我们脚跟碰脚尖地慢慢走。"一圈过后,"请小朋友们用脚尖走一走(一圈)。"幼儿高兴地快速地走着。"你们还可以试试用脚跟走一走(一圈)。"这时,幼儿小心翼翼地慢慢走。"我们再换一种,我们用单腿跳着走,看谁能坚持跳得长(约半圈)。""我们蹲下来双脚跳一跳吧。"幼儿开始学小青蛙,嘴里喊着"呱呱呱……"向前跳着。"小青蛙们变成小花猫爬着走一走吧。"这时,幼儿有把屁股撅得高高往前爬的,也有慢慢往前一步一步爬的。"如果你有点累了,请你站起来拍拍手。我们再手拉手站成一个圈,轻轻地向里走,再像一朵花一样慢慢地开放(向外走)。"很快,户外活动的时间要结束了。"我们准备回教室吧。"李老师看着幼儿红扑扑的小脸,一边整队一边问:"好玩吗?"幼儿边慢慢走着回教室边答:"好玩,太好玩了!"有的说:"我还愿意变成小青蛙跳!"有的说:"我喜欢拍一下手就跑,呵呵呵。"还有的幼儿说:"我喜欢用脚跟走,就是这样,这样。"

案例分析

《幼儿园教育指导纲要(试行)》中指出:"培养幼儿对体育活动的兴趣是幼儿园体育的重要目标,要根据幼儿的特点组织生动有趣、形式多样的体育活动吸引幼儿主动参与。"幼儿园户外活动是促进幼儿身体正常生长发育、身体素质和机体适应能力发展的主要途径,它不仅发展幼儿各种基本动作能力,也培养幼儿良好的品德、交往技能和认知技能,以及能富有创意地表现自己的能力。因此,应特别利用好幼儿园户外活动,实现"促进幼儿发展"价值的最大化。该案例反映的是一次教师有目的、有计划地组织的户外活动,从幼儿参与游戏的投入程度和情绪来看,他们乐此不疲地享受着这样的活动。

户外活动之所以深受幼儿的喜爱,因为其一,"好动"是幼儿的天性。其二,在幼儿园中,户外活动时间是幼儿在幼儿园最自由、放松的一个时段。但是,这种自由和放松不是无条件地放纵和放幼儿去"撒欢"。《幼儿园教师专业标准》中提出,要"重视环境和游戏对幼儿发展的独特作用,创设富有教育意义的环境氛围,将游戏作为幼儿的主要活动。"即对教师组织活动的行为能力提出了要求。

案例中的教师,看似带着幼儿无目的地跑跑跳跳、玩玩闹闹,实则是将促进幼儿身体发展的基本活动(走、跑、跳、爬、平衡等)贯穿于整个活动之中。如果单纯让幼儿练习这些技能,未免太过乏味,而借助游戏方式来组织幼儿练习这些基本动作技能,便大大提升了幼儿的兴趣。案例中,李老师以游戏的方式开始活动,如"男孩女孩拍手跑、绕圈跑",又以游戏的方式来调整活动量,如"脚尖脚跟走",再以游戏的方式提高强度、加大难度,如"青蛙跳、慢慢爬",最后以游戏的方式调整休息收尾,如"花开花落"。整个过程中,幼儿兴致勃勃。

也就是说,在户外活动中我们不仅要满足形式上的"户外"活动,更应让幼儿在户外享受释放情绪、发泄剩余精力的快感。这就需要教师展现自己的教育智慧,提升自己的教育能力,用心去关照幼儿的成长,用智慧去设计并开展具有魅力的户外活动。

 指导建议

基于以上分析,对幼儿教师户外活动的组织与开展有如下建议:

1. 重视户外活动的开展,实现户外活动的科学化和趣味化。首先,在户外活动的组织上应注意科学化原则,即活动量的安排应合理,动静交替要恰当。户外活动也应有计划、有步骤、按一定程序来进行,从简单到复杂,从少量到多量,从轻缓到逐渐加强,从相对安静进入到运动状态。从活动量上来讲,运动后身体微微出汗最为合适。不同类型、不同性质的运动要合理搭配,使幼儿动静交替地进行不同性质的活动,能预防神经系统疲劳,保持身心愉快的情绪,并起到全面锻炼身体的作用。如幼儿玩得满头大汗、气喘吁吁,这时教师可以带他们一起玩活动量较小的体育游戏,让幼儿在原地做一些小动作的活动,这样能控制和调节幼儿的运动量,更好地组织与指导幼儿活动。其次,应关注活动的全面性和趣味性。活动应尽量保证幼儿各个部位、各种技能都得到全面协调的发展。设计和开发一些以走、跑、跳、投、平衡等基本动作为主要内容的、借助一定的情景和有趣味的形式来促进幼儿各方面动作发展的体育游戏,通过全面而有趣味的游戏活动来提高幼儿的身体素质。

2. 调动教师积极性,激发教师的教育智慧。如今,幼儿园户外活动多为统一活动。户外活动时间,教师们多选择固定的活动区,如大型滑梯、蹦床,或让幼儿自由玩耍。这种户外活动看似是给了幼儿更多的自由,实际直接造成了教育的盲目性。户外活动开展得丰富与否,关键取决于教师在开展户外活动上的积极程度。户外活动不是教师休息调整的时间,而是帮助幼儿在不同的时间地点获得能力发展的机会。这就需要教师具有一定的教育智慧,在充分了解幼儿身体发展特点和体育活动性质的基础上,发现"好玩的活动",进而让幼儿感受到"活动好玩"。这其中需要教师的教育智慧,需要教师"眼中有儿童"。总之,在户外活动这项工作中,幼儿园应既对教师提出要求,又给予教师更多的发挥与展示空间,让教师成为户外活动的主动管理者。

案例三十八　不懂规则，就重来

案例呈现

　　这一阶段幼儿园以"我运动，我健康"为主题活动。依托该主题，小班组织了很多趣味性的活动。一日，小二班的教师带着幼儿用两个大龙球进行"滚球接力比赛"的游戏，玩法是：幼儿分两队，双手推球滚到目标处（椅子），绕一圈回来后，将球传递给下一名幼儿。幼儿个个跃跃欲试，急切地等着前面的小朋友回来传球给自己。终于轮到肖扬了，他拿到球刚推着走了两步，就用力一推，待球滚远后，跑着去找球再接着滚。其他幼儿看到都笑了起来，还有的幼儿不停地喊："加油，加油。"这时，教师上前制止并示范如何推着滚球，肖扬愣在那里听着。可是，之后肖扬还是喜欢大力推让球滚跑。于是，在临近终点处，教师把肖扬的球抢了回来，并说："不按规则推球的小朋友就不能玩了。"然后游戏继续。教师又发现时常有幼儿不绕目标就直接推回来。于是，教师又强调并进行示范。终于，教师忍不住了，生气地站在了目标的位置，要求不绕目标滚球的幼儿都要重新再滚一次球。幼儿便在教师的反复指导下继续着游戏……

案例分析

　　该案例反映的是由于小班幼儿在户外体育游戏中不遵守规则，而导致教师反复强调规则，并要求记不住规则的幼儿重复练习的行为事件。从案例中我们可以看出，游戏规则源自于"老师要求"，当然对于小班幼儿来说，他们还不具备自己设计和制定游戏规则的能力。因此，一般都由教师来设计和组织游戏。但是，从案例中我们也可以看出，教师本是出于趣味性来组织幼儿进行体育游戏的，目的不是在于竞争。这种定位对于小班来说无疑是恰当的。还可以看出，在教师所谓的"肖扬违反规则——用手大力推球跑的行为"出现之后，幼儿不仅没有感觉到不恰当，反而觉得是更有趣的动作，因此有的幼儿喊出"加油，加油。"同时，老师虽然再次示范了动作，但是肖扬依然如此，也许孩子真的不理解"老师为什么不让自己做这么好玩的事情"，教师在示范和讲解中，他也只是沉浸在自己的思考中，所以根本接收不到教师"指导"的信号。在后续的活动中，教师因为幼儿"不按规则游戏"而反复制止和要求练习，这些都一次次降低了活动的游戏性，使得游戏变成了一种枯燥的练习。案例中，教师对幼儿行为的种种不理解，源自其不了解幼儿的发展特点，尤其是幼儿规则意识的发展特点。皮亚杰在对儿童的弹珠游戏的研究中发现，3岁左右的幼儿在规则行为发展方面处在以动作为中心的玩物阶段，这时幼儿只是按照自己的兴趣用各种方式和方法来玩弹球。弹珠对于幼儿来说只是一种玩具，幼儿的动作毫无规则，不会按照规则来弹弹珠。由此，再来看该案例中的事件，就很容易理解了。幼儿一次次忽略教师对于"违规行为"的反复要求,不是他们不听话,不按照教师的要求做,而是他们还沉浸在机能动作的快乐之中,而不能理解规则的意义。又或者说,这时"规则"对他们来说没有任何意义,因此也不具有约束性。所以,案例最后谈到,幼儿便在教师的反复指导下继续着游戏,与其说是"反复指导",不如说是"监督"。在监督下游戏,那么游戏的趣味性何在? 幼儿何以感受到快乐?

另外,需要补充说明的是,如果单单对于案例中肖扬的动作来说,教师出于对幼儿安全的考虑,的确是有必要给予指导的。因为,这种追球跑的动作存在一定的安全隐患,幼儿容易被球的惯性带倒。所以,教师可以考虑新的指导策略或调整游戏玩法。如,可将单人推滚球改为两人在球两侧滚球,以保证小班幼儿不会因球太大而产生的惯性跟球摔倒。

指导建议

1. 应以幼儿发展的理论来指导教育行为。在户外体育游戏中,教师要正确看待幼儿游戏中的"规则行为",对于年龄较小的幼儿(如小班幼儿),他们还不能理解规则的约束性和规则的意义,往往沉浸于游戏的过程和游戏所带来的身体上的愉悦刺激中。这时,当大部分幼儿满足于游戏的"仪式化"动作而不在乎输赢和游戏规则的时候(例如,在赛跑时有幼儿先起跑,其他幼儿也不表示反对;一些幼儿边跑边跳,并不刻意求胜),教师就没有必要停止幼儿的游戏,纠正幼儿"不正确"的动作或硬要他们注意到游戏的规则、理解输赢的真实含义。在这种情况下,教师应当顺应幼儿的玩法而不是硬性地去加以纠正,这就要求教师能根据幼儿的特点和发展的需求给予恰当、合理的指导。总之,教育幼儿应基于理解幼儿的基础之上。换句话说,就是之于幼儿的教育应基于幼儿的特点和需求。

2. 转换班级管理方式:从管制型、教条型、说教型向民主自由型转变。一般,在遇到"规则"问题的教育中(尤其日常常规教育),教师多以督促、提醒和提要求为主,并且认为规则是不可变的,对违反常规的幼儿进行说教、机械的训练或叫惩罚。而不去试图从幼儿的行为特点中理解幼儿,更不知如何去引导幼儿理解教师对其行为进行纠正或禁止的真正原因,忽视了幼儿通过体验习得常规或理解规则的特点。这种做法严重损害了幼儿的个性发展,使幼儿成了"木头人",甚至使有些幼儿从心理上抵触教师,不喜欢幼儿园。

如果上述案例发生在大班,亦不建议以反复说教、重复练习动作的方式来单纯地让幼儿记住规则。在规则行为事件中,应注意利用游戏规则制定和执行的过程促进幼儿的学习与发展。其先决条件是让幼儿主动地使用这些规则,那么在游戏中,教师就应该去建议或引导幼儿形成集体的(游戏)规则,而不是强制幼儿去遵守某项规则。如此一来幼儿才有可能自己去制定规则,从而理解规则、遵守规则。如果教师把自己置于"判官"或"监督者"的地位,就会使幼儿成为规则被动的服从者。这样既不能使幼儿理解规则的意义,也会使幼儿丧失在活动中的自主性。所以,当活动中出现冲突时,教师可以帮助幼儿发现问题,待问题被抛出后,再鼓励幼儿独立自主地去通过协商来解决问题,这样会更利于幼儿的主体性和各方面能力的发展。这就要求教师在幼儿活动中,应当尽可能少地动用成人的权威,更多地"放权"于幼儿,让幼儿在活动中自行制定和评判规则,在规则的制定和执行过程中,理解规则的意义和作用。

3. 时刻关注幼儿在活动中的表现,及时调整游戏内容或玩法以保证幼儿安全。在户外活动中,教师应时刻关注幼儿在活动中的表现(如个人动作行为、交往行为、语言、情绪等),如发现幼儿的行为表现确实存在对自己或他人在身心上的安全隐患,教师应及时制止。同时,要建议幼儿调整游戏玩法,变换游戏方式,改正自己的行为,以使活动顺利、愉快地继续进行。

案例三十九　　轻松收尾和手忙脚乱

案例呈现

　　幼儿园的小王老师是刚工作一年的新教师,每次户外活动时都认真地把幼儿需要使用的玩具给幼儿拿出来,安排好玩的内容。如果幼儿玩得很顺利,小王老师就站在一旁,看着幼儿是否安全、有无打闹。孙老师虽然也年轻,但已带过两届幼儿了。户外游戏时,她通常会问一问幼儿"今天我们该玩什么了?"说完,就指定一组幼儿去器械室取玩具。在幼儿玩的时候,孙老师常常跟他们一起玩。活动结束时她会告诉幼儿:"我们都玩累了,老师也很累,咱们一起快速收完玩具,回去休息一下吧。"于是,每次活动后,两位教师都会发出不同的声音。小王老师总是很羡慕孙老师,并用哀怨的语气哭诉道:"同样是中班,为什么你们班孩子那么能干、懂事? 你看每次户外活动结束后,你们班孩子都知道自己收整玩具,基本不用你动手。那到了大班岂不是你都不用管,他们都能自己收拾好了? 再看看我们班,每次他们玩我都认真地看着,还得提前通知活动结束,反复告诉他们收玩具。我必须得忙着帮他们收,不然,收得乱七八糟,回去又晚了。说了一个学期也没有效果。"王老师应道:"在我们班是自己的事情自己做,每天玩什么都是提前商量好的,孩子们自己分组拿。哪一组拿得不对,收得不好,就取消他们组管理玩具的资格。所以,最后只需要我们一个老师完善一下他们的工作就可以了。你们也试试,让孩子们学习自我管理吧。"

案例分析

　　"户外活动开始,老师搬着箱子带队出来活动",或是"幼儿在场地等待老师把运动器械从储藏室搬出来"等等,这一类现象在幼儿园屡见不鲜。教师不想让幼儿玩运动器械,总将幼儿安排在固定的大型玩具区域(有滑梯、蹦床等),很大程度上是因为"太麻烦"。"每当活动结束要幼儿收玩具时,总有一部分幼儿不愿意动手,要么站在那儿磨磨蹭蹭,半天都收拾不好,要么借故溜之大吉。每当这时,老师只好自己动手把满地的玩具收拾好。""很多幼儿在收玩具时不会分类,把所有的玩具收到一块,老师课后要帮忙分类,所以就会觉得很累很烦。"这些都是幼儿园老师抱怨的声音。正如案例中的小王老师,她总觉得自己也很努力,安排好一切活动,并且认真地看着幼儿,可到最后都要老师忙着收整玩具,自己又费心又劳累,还收不到好的效果。相比之下,孙老师就轻松多了,自己只需几句话,幼儿就能很好地完成收整玩具材料的工作,好像一切只要"发布命令"就行。

其实,案例中孙老师的工作并没有表面看到的那么简单。孙老师尝试让幼儿在游戏中变"被动"为"主动",这个过程看似简单,实则是班级常规逐渐建立的过程,也是一个培养幼儿"自我管理能力"的漫长过程。游戏开始前,孙老师作为与幼儿平等的一员,在教育计划的框架之内,让幼儿自己提出详细的活动计划,使幼儿明白:自己心中有目标,就要"自己的事情自己做"。活动中,孙老师像同伴般与幼儿一起游戏。结束后,虽然都累了,都不愿意再劳动了,但是如果哪个小组不收拾整理,将失去管理玩具的权利。游戏的魅力自然大于最后的疲惫,所以为了下次还能继续游戏,幼儿必须依靠自己来收拾玩具。整个过程中,教师始终是游戏中普通的一员。这种班级管理的方式也是一种使幼儿逐渐养成习惯的过程。

 指导建议

1. 建立良好的班级管理常规,培养幼儿的自律行为和责任感。建立良好的活动区常规不仅可以培养幼儿的积极性、主动性,而且可以培养幼儿的自律行为和责任感。如:户外活动前要有活动计划(任务);活动区要有区域规则;玩具材料要有合理使用和摆放的规则;安排游戏材料管理员等。在活动中,教师还应帮助幼儿不断丰富和坚守户外活动和区域及材料管理的常规。活动后,要对班级的常规进行讨论,将不合理的规定进行调整,将不合理的行为提出来,从而逐渐完善班级常规,让班级常规成为维护活动顺利进行的助手,借助常规培养幼儿良好行为。

2. 还给幼儿自理的权利,保护幼儿自理的积极性。孩子最初都有很强的动手、劳动表现愿望,但是由于身心发育有限,常常心有余而力不足,甚至出现南辕北辙的效果。这时作为教师要保护孩子收拾整理的积极性,不能急于即刻让幼儿变得"能干",要学会耐心地引导和等待。例如,幼儿本想帮集体收拾玩具球,结果没拿好导致小球滚落满地;幼儿认真地收拾玩具,可还是让玩具分了家。这时,千万不要觉得孩子"碍事"或者"笨手笨脚",孩子做事的愿望和积极性一旦被打消便很难重建。因此,只要他们自己愿意做,就让他们去做,哪怕事后还得重新收拾整理,也要保护孩子的积极性。

3. 借助游戏性和趣味化的方式教会幼儿收整玩具的方法。整理玩具是有一定的规则和要求的。因此,教师首先要告诉幼儿玩具如何分类、怎样整理以及玩具的具体摆放位置。由此看来,这项工作基本上就是一件枯燥、无趣的工作,其性质显然是不符合幼儿兴趣的。因此,在这项工作中教师应利用教育智慧,化枯燥为娱乐,把收拾玩具变成有趣的游戏活动形式,就会激发幼儿参与此项活动的兴趣。如,"送玩具宝宝回家",即在玩具箱子上贴上小图画以提示幼儿收拾整理的规则。贴动物园表示放长颈鹿、狮子等小动物,贴车库表示放小汽车等,借机让幼儿学习分类、归属。又如,教师带头和幼儿比赛收拾玩具,再逐渐过渡到幼儿之间进行比赛。这样,通过生动的语言、有趣的形式,幼儿的兴趣提高了,就会养成活动后主动收拾整理玩具的习惯。如此,收拾整理玩具环节便成了幼儿游戏活动的一部分,他们也不会觉得这是额外的负担。

4. 带领幼儿观看整理后的玩具,激发成功感。幼儿在活动之后,需要教师的不断肯定,这样会使他们形成对自己的积极评价,从而建立自信心,影响自己的行为。因此,在幼儿收拾玩具后,教师可带领幼儿观看收拾后整齐的样子,用赞赏的口吻肯定幼儿。通过比较整理前和整理后的模样,让大家亲眼看到明显变化,建立成功感,树立自信心,为以后主动地整理玩具打下基础。

总之,只要教育的影响力持之以恒,只要有好的榜样示范,能化枯燥的机械动作为拟人化的情景活动,幼儿就会成为"活动的主人",就会逐渐养成自理的习惯。

案例四十　快乐时光中的悲剧

案例呈现

户外活动时间,中三班一开始自发玩捉迷藏游戏的几名幼儿随机改变意图,玩起了以前跟老师一起玩过的《老鹰抓小鸡》游戏。洋洋是一个活泼好动的男孩,很喜欢玩抓、逃、跑、跳的游戏。今天,他在游戏中"是一只小鸡"。在"老鹰"穿过"母鸡"的防线开始抓"小鸡"的时候,洋洋兴奋了。开始时他扯着前面小朋友的衣服疯狂地跑,后来干脆撒手自己兴奋地又跑又跳以躲避"老鹰"。正在他努力地逃跑时,一个猛地转身,撞在了他本来想躲在后面的大树上,当场大哭起来。幼儿都停止了游戏,教师也迅速赶过来把洋洋带到了医院。经检查,洋洋因颧骨侧部碰在树上皮肤被擦破,脸部肿起,未伤及眼部等重要部位。但这一事件也惊吓到了该班的教师、幼儿以及洋洋的家长。

案例分析

《幼儿园教育指导纲要(试行)》指出:"幼儿园必须把保护幼儿的生命和促进幼儿的健康放在工作的首位。"幼儿园的安全工作关系到全体幼儿的生命安全,幼儿的生命安全得以保障是一切教育活动开展的基础。然而户外游戏中总是存在着各种安全隐患,导致安全事故频发。此案例所呈现的原本是一次幼儿充满热情的户外欢乐时光,但最后发生了令人胆战心惊的一刻。这其中就存在着一定的不能保证幼儿安全的因素。下面我们借助案例进行分析。

教师在户外活动时,首先应根据当天活动内容的概况来选择合适的场地,并提出明确而恰当的要求。案例中,幼儿自发玩捉迷藏游戏,一方面说明部分幼儿是处于自由活动状态,另一方面通过所玩游戏可初步推测该场地中有一定的遮挡物(也可称之为障碍物)。由此,可以说教师对幼儿的自由状态没有一定的控制和要求,使得安全系数成为未知,同时有部分障碍物的游戏场地不适合玩"老鹰抓小鸡"这类需要平坦宽敞大场地的游戏。

此外,户外游戏活动中,无论是教师带领幼儿游戏还是幼儿自由游戏,教师都应明确强调游戏的规则和户外活动的要求。如案例中洋洋在玩"老鹰抓小鸡"的游戏时,教师应该强调"小鸡"不能松手自己乱跑,因为四散跑首先使得游戏没有约束,其次越没有约束就越容易发生混乱,当然危险因素也随之增加。案例中洋洋很大程度上是因为脱离同伴的大队伍自己毫无顾忌地跑跳,在兴奋奔跑中回头时,碰在了树上而导致受伤的。当然,随着游戏的进行,教师还应和幼儿一起讨论分析游戏中的合作,即在"老母鸡"带领"小鸡"的一个长长的队伍中要"顺势"跑,而不能用大力扯着同伴,自己也被同伴扯着跑,这同样是很危险的情况,这种情况有可能会导致整个队伍摔倒而发生危险。这些方面都反映出教师对户外活动中安全问题的预估不够。

还需要指出的是,在游戏中教师对班级个别"特殊"或"较特殊"的幼儿应给予较多关注,如特别活泼好动、有攻击性行为表现、内向孤僻、喜欢独处、喜欢"收集"自然物(小树枝、小石子等)等的幼儿。因为,这些幼儿不同于大多数幼儿,可能会出现过激行为或因独处玩耍而出现教师所不知道的隐藏事件。这都需要教师在游戏时不断扫描观察所有幼儿,以及时、全面掌握相关信息。

指导建议

1. 在户外活动中加强安全教育,增强幼儿自我保护意识。在给幼儿更多自由的同时,还要特别强调安全教育。户外场地活动范围较广,幼儿四处分散活动时,教师的视线不能顾及每个幼儿。因此,在活动前要尽可能预想到可能出现的不安全因素,向幼儿交代活动规则和有关安全事项,增强自我保护意识。检查仪表,注意调节幼儿运动负荷,活动前后减加衣服。教师要四处巡回走动,及时纠正幼儿的危险动作,聆听幼儿交谈、评价。发现问题及时进行必要的安全指导和教育。

2. 户外体育活动必须明确游戏规则,强调安全性原则。体育活动具有规则性、竞争性和趣味性强等特点,幼儿参与的欲望一般都比较强烈。这就要求教师将户外活动前的准备工作考虑周全,做得细致,从而防患于未然。如活动场地的选择、器械的安全核查、是否会因撞击和摔跤而造成伤害等情况。游戏前,教师要引导幼儿了解并接纳户外活动常规,但常规不能成为束缚幼儿游戏的障碍。因此,根据幼儿的年龄(中大班)还可以与幼儿一同制定常规,从而形成幼儿理解、认可的日常活动规则,也使教师的户外活动管理工作做到管而不死、活而不乱。常规一旦被认可,就要严格执行,以保障户外活动的有序开展。此外,在户外游戏时,教师还应引导幼儿熟悉游戏的玩法、掌握游戏的规则,因为只有明确游戏的玩法和要求,才能保障游戏顺利进行,避免因规则混乱而导致意外的发生。教师还要特别注意防止人为的伤害。一旦幼儿间产生矛盾,教师应及时进行疏导、调解,让幼儿及时化解矛盾,友好游戏。

3. 常规在户外活动中的制定与执行应被重视。为使常规能被幼儿接纳,首先应引导幼儿理解常规的重要性。如引导幼儿回顾"混乱"的户外活动场景及已发生的安全事故,了解事故发生的原因。其次,引导幼儿(中大班)制定活动常规。最后,重视常规的教育。在以往的活动中,当幼儿违反常规时,教师往往给予批评或是简单的惩罚(如惩罚幼儿暂时不能参与活动),正面的教育甚少。其实,最有效的方法应该是适当惩罚和正面教育相结合的方式。但从幼儿发展的角度看,单纯的批评与惩罚并不能让幼儿养成遵守常规的习惯,常规的正面教育应被放在首位。但部分体育活动常规需要经过训练后才能被幼儿接纳,这就需要考虑常规训练的游戏化,避免常规教育给幼儿带来的逆反心理。

案例四十一 户外游戏区的童话小·屋

案例呈现

　　在××幼儿园的户外活动中,有一个好玩的现象:经常见到几名幼儿在一个被搬放到外面的旧游戏小屋里钻进钻出,总是很热闹的样子。这里时而卖着什么,时而有着表演,还有时候几个幼儿挤在小屋里神秘地商量着什么。一次,凡凡从旁边蹦床上下来,也进入了小屋。不一会儿,他向着玩滑梯和蹦床的地方喊:"我这儿有新做好的冰激凌和爆米花,谁买?"看到没人来,他就问站在一旁的老师:"你要买吗?"老师答道:"好啊!我要一桶爆米花,一个冰激凌。"同时伸出手去。只见,凡凡伸出手在老师的手上拍了两下说:"你的冰激凌和爆米花。"老师说完谢谢正要走,凡凡说:"你还没给钱呢。"老师连忙说:"哦,不好意思,我忘了。"说着,也伸出手在凡凡的手上拍了一下说:"给你钱。"此时,凡凡满足地攥起手,又招呼起了从滑梯上下来的"新客人"。

 案例分析

　　户外区域活动,顾名思义是利用活动室之外的露天自然环境来进行的区域活动。幼儿园户外的区域活动中,幼儿能与大自然更近距离地接触,活动空间较大,对促进幼儿大肌肉的发展和认识世界有着独特的作用,这也使得人们将户外活动习惯性地等同于体育运动。因此,很多幼儿园的户外区域都设置成了常规的集体运动区、大中型玩具区或者攀爬区等,多为体育运动之用。其实,这样就大大缩小了户外活动的内容和范围,也削弱了户外活动的价值。其实,户外活动中应该有更多种类的区域供幼儿选择,有更丰富的材料可以成为幼儿的"玩伴",从而使户外活动发挥其应有的价值。如案例中的户外游戏小屋,这本是一个几乎要被淘汰的"小屋",但放置在户外,便成了幼儿的一个新的游戏区域,也使得幼儿在户外活动中能生成各种体育运动之外的游戏。这时,幼儿就可以根据自己的需求进行选择:从大型滑梯、蹦床上下来后走进游戏小屋、踢球或嬉戏累了来游戏小屋换个玩法……这也拓展了户外活动的形式和内容。不同的游戏区域能满足幼儿不同的发展需要。仅仅一个小屋就能时而变成"大卖场",时而变成"小剧场",还有可能是"娃娃家"。于是,在玩中幼儿想象的翅膀被打开,户外活动成了幼儿"愿意玩""能从头至尾地玩""能投入地玩"的场所。因为这里不仅有走、跑、跳、攀爬,还有更丰富的游戏区域和变幻无穷的游戏内容。

 **指导建议**

1. 倡导户外区域设置的多元化,激发幼儿的参与欲望。在户外游戏区的创设中,应考虑进行多元化的设计,以触动幼儿的各种感知觉,帮助幼儿获得多方面的发展。因此,户外活动区域应根据幼儿的需求和兴趣,尽可能为幼儿创设不同类别的游戏区域。幼儿因其个性不同,发展水平不同,兴趣自然不同。有的幼儿喜爱运动,就可以进入大型玩具区或集体运动区;有的幼儿喜欢表演,就可以选择角色扮演区,甚至可以为幼儿搭建一个户外小舞台,让不同年龄段的幼儿一起进行游戏;有的幼儿动手能力强,就可以进入涂涂画画区、建构区、操作区等。还可以开辟种植区、养殖区,在让幼儿参与种养的同时,也能美化和丰富园区。这些各具特色的区域的设置,能不断激发幼儿的参与欲望,使幼儿在他们喜欢的活动区里百玩不厌,玩出多种花样:他们一会儿是一只躲避老鹰抓捕的"小鸡";一会儿是一个心灵手巧的画师,一会儿是超市里忙碌的店员,一会儿又是一个能歌善舞的明星……这样的户外区域格外丰富,随处都可见三五幼儿的游戏,因为丰富多样的区域及材料满足了幼儿的需求,因此能不断吸引幼儿参与游戏。

2. 因地制宜,充分利用户外区域的特点,合理开辟游戏区。尽管我们强调应丰富户外活动区域,使户外活动多元化,但切忌"为了设置而设置""为了多样而设置"。在户外游戏区域多元化设置的基础上还应遵循"因地制宜"的原则,即依照本地区的地理环境特点,利用本园所户外地势特点来适宜地设置户外游戏区。如:有的幼儿园处于山地,园区地势崎岖不平,就可以借助一面小坡开辟攀爬区;如果园区内绿荫成林,既可供幼儿观赏(种植果树还可以采摘),也可在绿荫丛中设置不同主题的角色游戏区;如果幼儿园室外面积有限,除了为幼儿设置集体运动场、提供必要的大中型玩具之外,还可以考虑园区的天台是否可以利用,来设置特色游戏区如屋顶玩沙区、涂涂画画区等。再者,如果幼儿园水源较便利,除了可以设置喷泉类的景观之外,还可与喷泉池相融合或单独为幼儿设置玩水区。或者有的幼儿园有藤架的长廊或小面积的空地,也可以利用空间为幼儿设置一个户外小舞台。幼儿以天为幕、地为台、藤蔓花枝为布景进行户外表演,也不失为一项趣味十足的活动。因此,在户外活动区域的规划和设置中,既要满足幼儿多种需求来创设丰富的游戏区域,还应考虑园所特点来因地制宜、创造性地规划环境,开辟游戏区。

案例四十二 我已经说"对不起"了

案例呈现

浩浩是中四班的幼儿,他的愿望是做一个"超人"来保护人类。因此,户外活动中,他总是在院子里跑来跑去,嘴里还不停地嘟囔着些什么。他似乎也有着使不完的劲和发泄不完的精力。所以,很多时候浩浩会尽情地奔跑,沉浸在自己的世界里,常常不经意地碰撞到其他小朋友。这时,就会有幼儿向教师告状:"老师,我正和××玩着,浩浩就打了我一下,然后就跑了。""老师,浩浩把我们摆好的玩具都碰倒了,还差点撞到我。"……每当此时,教师找到浩浩,他都会爽快地向其他幼儿道歉。可有些幼儿反映,浩浩还是总是撞到大家。当道歉不被大家接受时,浩浩也难过地说:"老师,我已经道歉了,他们还不原谅我。"

同样,在大型玩具区的豆豆在玩滑梯的时候,由于接得太紧,还没等苗苗起来,就不小心踢到了前面的苗苗。于是,豆豆就向苗苗道歉:"苗苗对不起,我不是故意的。"便离开了。可苗苗不依不饶:"你踢我干什么?我又没说'没关系'你就走了。"豆豆委屈地对教师说:"我都跟她说'对不起了'。"

 案例分析

"道歉"是认识错误的开始,是为对方着想,从他人的观点、立场来考虑事情的能力,也是人际交往中的一项重要技能。案例中的幼儿浩浩和豆豆看起来都向同伴道歉了,但这实际上是一种表面的、仅限于口头上的行为,他们并没有从根本上认识到自己的问题,也没有考虑到对方的情绪和感受,只是一种"仪式化"的行为。

从案例中可以看出,浩浩在撞到其他幼儿后,虽然每次都爽快地道歉,但之后仍屡屡发生同样的问题,显然是不知道自己的行为是错误的。而在豆豆和苗苗之间,一方滑得太快但不是故意的,另一方由于起身太慢而被踢到,成为"受害者",这里面孰对孰错很难分辨。但就两名幼儿的道歉表现来看,豆豆向苗苗说完"对不起"就转身准备离开,对于豆豆来说道歉只是说出了"对不起"三个字,而苗苗则认为"我还没原谅她,她就走了"。这说明,道歉者虽然只做出了自己应做的,也许意识到了自己的错误行为,但是没有考虑到对方的情绪和感受,所以才造成了作为"受害者"的幼儿认为对方道歉不真诚而委屈,而道歉者则因为自己"已经道歉了"对方还不原谅自己而委屈。此时,矛盾双方的交往就产生了脱节。这种情况在幼儿园时有发生,但教师首先需要明确的是:道歉不是"例行公事"。那么,如何才能让幼儿真正意识到自己的错误行为,而"真诚"地去关心对方,说出"对不起"三个字呢?这就需要教师在面对幼儿发生冲突后进行道歉时,给予耐心细致、正确合理的引导,而不是单纯地让一方向另一方道歉而草率地化解幼儿间的矛盾。

 指导建议

1. 帮助幼儿发现自己的错误。幼儿不会道歉,很大程度上是因为缺乏是非观念,不知道什么是对什么是错。对此,教师应耐心帮助幼儿理解错在哪里,为什么错了,需要如何做才正确。当幼儿从根本上知道了自己的问题,意识到自己的行为是错误的,道歉就显得顺理成章。也有幼儿犯错后,喜欢寻找各种理由来逃避责任。这种情况,教师更应给予关爱,不要用惩罚的方式来对

待幼儿的错误行为,要积极地引导,及时帮助幼儿纠正这种行为。同时,也应让幼儿明白,说谎是一种恶劣的行为,比犯错误更让人不可原谅。

2. 引导幼儿学会真诚地道歉。"真诚"对于几岁的幼儿来说,是一个抽象的词语。教师需要用具体的行为来引导幼儿理解什么是"真诚地道歉"。"真诚地道歉"前提是孩子真的感到歉意,也就是前文所述的让幼儿真正地感受到自己不好的行为。在此之后,引导幼儿去关心对方:用眼睛看着别人,用语言表达自己的歉意。虽然这样做有些形式化,但从另一方面来说,肢体语言也表示出了一种态度。最后,需要强调的是,在我们的教育中常常会忽略"对方的回应",这样就造成了"道歉是我的事,原不原谅是你的事"这样一种错误导向。幼儿应该有"要等别人同意"的意识,知道并能做到道歉后必须等到对方的回应也是交往中的一个重要环节。因此,学会"真诚"地道歉是帮助幼儿获得交往技能的重要方面。

3. 鼓励幼儿勇于承担责任。在遇到错误以后,有些幼儿可能因为害怕承担后果而不敢承认错误,教师应鼓励幼儿知错就改,给予孩子安全感,避免对认错产生畏惧感。这样,当幼儿做出不当行为之后,教师引导幼儿明白是由于自己的过失才造成这样的后果时,幼儿才容易接受。在教育过程中,还需要传达给幼儿的态度是:勇于承担责任的孩子是受欢迎的,错误不是不可挽救的。同时,可以让幼儿提出一些可行的补救办法,以增强其责任感。一味地指责只会加重幼儿的逆反心理。教师不仅应注意幼儿言语、口头上的道歉,更要引导幼儿摆脱以自我为中心的想法,让他们有愿意承担责任的勇气。

第十章

班级外出活动教育管理
案例诊断与分析

案例四十三　　幼儿能参加商业活动吗

案例呈现

　　春天到了,某幼儿园大班的几位教师正商量着组织一次全班性的集体外出活动。张老师主张带领幼儿到郊外的风景区开展一次春游活动,王老师主张带领幼儿到周边的小学开展一次参观活动。李老师沉吟了一会儿说:"我有一个亲戚是附近商场的总经理,他们商场计划开展一次大型店庆活动,想邀请咱们幼儿园的孩子去表演助兴,他们说负责全程接送和所有活动安排,并承诺给咱们幼儿园一笔可观的酬劳。"张老师和王老师一听此话面面相觑。犹豫了一会儿,张老师才说:"这样做合适吗?"李老师坚持地说:"怎么不合适? 这样做既达到了外出活动的效果,还能为幼儿园创收,是一个两全其美的计划啊!"

　　经过一阵商量后,三位教师终于达成了一致,决定搞一次"商业促销"外出表演活动。她们与商场负责人反复沟通后,敲定了外出的地点、时间、幼儿表演的内容和形式,并写了一份详细的外出活动计划上交至园长处。没想到,园长看了活动计划之后对她们三人提出了严厉批评,要求她们立即取消这次外出活动,并做出深刻的书面检查。三位教师感到十分委屈,觉得自己都是为了幼儿园好,没有做错什么呀!

案例分析

　　三位教师的班级外出活动策划不仅是失败的,而且是违反国家教育管理制度的。中华人民共和国教育部第 23 号令颁布实施的《中小学幼儿园安全管理办法》中明确指出:学校不得组织学生参加商业性活动。这三位教师不仅在班级外出活动的认识上有所欠缺,而且对国家的相关法律制度也不甚了解,一旦真正实施了此次策划,将会对幼儿和幼儿园造成恶劣的影响,并存在着较大的安全隐患,因此园长的批评是正确的。具体问题有如下四个方面:

1. 班级外出活动与商业活动的目标定位不同。班级外出活动包括多种多样的形式,如:以让幼儿放松愉悦、增进情感联系为目的的各种外出游玩活动,以让幼儿丰富知识、拓宽视野为目的的各类外出参观活动,以让幼儿增长见识、提高实践能力为目的的各种外出社会实践活动,以让幼儿对集体教育活动有更深刻和广泛认识的外出延伸与拓展活动等。虽然班级外出活动有多种形式,但所有形式的外出活动都有一个统一的最终教育管理目标:为了幼儿身心的全面和谐发展。与班级外出活动不同,商业活动的最终目标是推销商品、赚取利润。二者目标定位的不同,导致了开展活动时的重心也不相同,班级外出活动的开展以幼儿为核心,商业活动的开展以获取金钱为核心。案例中,三位教师试图将商业活动与班级外出活动结合在一起,但二者目标定位冲突的结果却是牺牲了班级外出活动的教育管理目标,违背了班级外出活动的宗旨。

2. 管理主动权的丧失。此次商业外出活动策划中,商场负责全程接送和所有活动安排,乍一看是减轻了教师工作量,但实质却是教师管理主动权的丧失。幼儿教师作为专业教育者,对于幼儿的教育管理具有丰富的知识和经验,能有效合理地组织好相关教育活动。策划中商场剥夺了教师的管理主动权,教师将全班幼儿交给了非专业的商业人士,商场仅是将幼儿当作了商业活动的营销工具,这显然是错误和危险的。

3. 容易对幼儿产生伤害。商场店庆时,环境复杂,人流量大,潜藏着各种各样的安全隐患,因此对幼儿进行班级管理的难度加大,容易对幼儿产生身体或心理上的伤害,如可能造成幼儿走失或心理恐慌等问题,而且商业活动的氛围也十分不利于幼儿的健康成长。

4. 侵犯了幼儿的合法权利。如果强迫幼儿为商业活动表演助兴,违背幼儿自身的意愿,实质就是侵犯了幼儿的合法权利,必须要承担相应的法律责任。《中华人民共和国未成年人保护法》中第二十二条规定"学校、幼儿园安排未成年人参加集会、文化娱乐、社会实践等集体活动,应当有利于未成年人的健康成长,防止发生人身安全事故。"第四十一条规定"禁止胁迫、诱骗、利用未成年人乞讨或者组织未成年人进行有害其身心健康的表演等活动。"

指导建议

1. 加强幼儿教师的专业学习。作为幼儿教师,应通晓班级外出活动的相关专业知识,熟悉国家有关的法律法规,才能胜任这一教育管理工作。因此,有必要定期组织幼儿教师进行专业学习,不断提高其综合素质和管理能力,才能有效避免案例中出现的错误。

2. 建立相应的管理制度。案例中暴露出幼儿园班级外出活动教育管理的漏洞,幼儿园应专门制定《外出活动管理办法》,规范班级外出活动的教育管理,尤其要强调班级外出活动的安全性、科学性和合法性。

3. 进行有效的沟通。策划班级外出活动时,应与同事、领导、家长、园外合作人士等展开广泛的沟通,征求各方意见,不断完善策划方案,这样才能综合考虑到各种因素,避免"闭门造车"或

"一叶障目"。

4. 发挥幼儿教师的主导作用。无论开展何种形式的班级外出活动,始终要明确幼儿教师是教育管理工作的第一责任人,必须要发挥其主导性,才能保证班级外出活动的正常开展。虽然要求幼儿教师发挥主导作用,但在具体开展班级外出活动时并不应该绝对排斥商业元素的加入,如可以允许各种企业或单位给予赞助,但前提是必须要保证以幼儿的健康成长为核心。

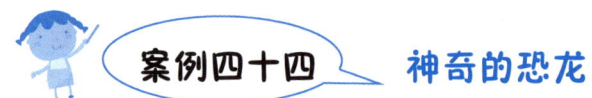

案例四十四   **神奇的恐龙**

案例呈现

近一段时间,幼儿总是谈论关于恐龙的话题。经常有幼儿向教师提出问题:恐龙会飞吗? 恐龙蛋还能生出小恐龙吗? 恐龙吃人吗……赵老师通过了解才知道,班里有几名幼儿跟着家长观看了在省博物馆举办的恐龙展,因此兴趣盎然、记忆犹新,不断和其他幼儿交流,惹得其他幼儿也跃跃欲试,想去看看那些神奇的"恐龙"。

赵老师和其他同事商量之后,想带领幼儿开展一次参观恐龙展的班级外出活动。为此,她们首先征求了家长的意见。除几位已带孩子参观过恐龙展的家长外,其余家长都表示了赞同。随后,她们向园长提出了活动申请,得到了批准。赵老师又积极和恐龙展的举办方进行了联系沟通,商定了适宜的参观时间和优惠的票价。赵老师根据幼儿和家长的意愿,计划将幼儿分成两组:一组是少数已观看过恐龙展的幼儿,可在班里将所见所闻画下来;一组是其余多数未观看过恐龙展的幼儿,教师将集体带领参观。

赵老师希望通过此次外出参观活动,增进幼儿对恐龙的正确认识,满足幼儿对恐龙的好奇心,消除部分幼儿对恐龙的恐惧感。为了保证安全,赵老师要求幼儿参观要有家长陪同,并有三位教师全程引导。为了开展好此次外出参观活动,按照幼儿园的制度要求,赵老师还需要拟定一份详细的活动计划,可她却不知道如何下手,一时陷入了苦恼之中……

案例分析

案例中,赵老师所做的前期策划工作较为科学合理、细致认真,具体表现在如下5个方面:

1. **活动充分满足了幼儿的兴趣。**本次班级外出活动的产生源于幼儿的需要,充分体现出教师以幼儿为主体的教育理念,关注幼儿的需要和兴趣,注意满足幼儿的好奇心和求知欲。

2. **实现了有效的沟通交流。**赵老师逐一与同事、家长、园长、恐龙展举办方等相关人员进行了沟通交流,得到一致认可后才最终确认了策划主题,为后期工作开展奠定了良好的交流基础。

3. 班级分组较为合理。按照班级外出活动的理念,应该是全班幼儿一起参加效果最佳。但在此次活动中,少数幼儿已经参观过,因此没有必要重复参加。面对这些不能随班集体一起外出参观的幼儿,教师做了妥善的分组,为幼儿分配了任务,巧妙地让这些幼儿融入活动之中。

4. 活动目的较为明确。赵老师对于此次班级外出活动的目标定位十分准确,注意发挥活动对幼儿的良好教育作用,注意拓展和丰富幼儿的知识及经验。

5. 注意活动的安全工作。赵老师充分考虑到了此次外出活动的安全性,采取了家长陪同、教师引导的措施,以保证活动的安全进行。

赵老师在策划的最后一个环节中陷入了困境,显然是由于她对班级外出活动计划了解不多,且缺乏制定经验而造成的。活动计划是班级外出活动成功开展的保证,它能规范活动的开展,防止安排混乱或考虑不周。班级外出活动计划包含的项目和内容十分丰富,具体包含:主题、地点、时间节点、人数和人员、主要负责人、出行路线、准备物品、活动目的、活动流程安排、注意事项、相关人员联系方式、安全预案等。活动计划需要周密的策划和严谨的规划,既要考虑到活动开展的所有细节和整体问题,又要考虑到可能发生的意外情况。总之,活动计划对于班级外出活动来说必不可少,赵老师必须要解决这一问题才能进行下一步的工作。

指导建议

要想制定出一份科学而实用的班级外出活动计划,可以从以下几方面着手:

1. 参考借鉴优秀活动计划。活动策划者可通过网络搜索、资料查阅等多种方式,参考借鉴其他幼儿园制定的经过实践检验的优秀班级外出活动计划,掌握活动计划最基本的项目、内容和格式,从而避免无从下手。甚至为了方便管理,幼儿园可以考虑制定出规范的班级外出活动计划表,让教师在每次正式开展活动之前认真填写,使外出活动的管理更加科学。需要注意的是,每次班级外出活动的内容和形式都不会相同,因此活动计划也需灵活制定,不能强求一致,活动策划者要根据实际情况"量身"制定出适宜的活动计划。

2. 多方讨论拟定活动计划。活动计划的制定需要多方人员的参与,只有集思广益才能保证活动计划的全面性、科学性和可行性。首先,教师应与幼儿园的同事和领导深入讨论,一起从幼儿园教育管理的角度商讨活动计划,从而保证活动计划的合理可行;其次,教师应与幼儿家长广泛讨论,调动家长参与活动的积极性,并注意发挥家长的各种优势,从而保证活动计划的有效实施;再次,教师还可以与幼儿一起讨论,激发幼儿的活动兴趣,拓展幼儿的知识经验,锻炼幼儿的思维能力,从而保证活动计划的贯彻落实。

3. 灵活调整完善活动计划。活动计划毕竟只是一份"计划",有时候计划赶不上变化,需要根据实际情况随时调整,如:幼儿因病不能参加,就需要调整活动人数;准备物品不齐就需补充等。活动计划在真正实施之前,可以根据实际需要不断优化完善,尽量做到"未雨绸缪"。

案例四十五　　我们去超市

　　某超市内,突然闯来了一群"不速之客",三位教师带领着一群幼儿进来参观。幼儿东瞧瞧西瞅瞅,一会儿一窝蜂地去玩具区玩了起来,一会儿又去食品区争先恐后地"试吃"起来。超市负责人急忙赶来询问情况,原来是附近幼儿园某中班正在开展"我们去超市"的外出参观活动。超市经理严肃地说:"你们幼儿园应该提前和我们打个招呼啊!请约束好孩子们,千万不要损坏或偷拿超市物品。"三位教师急忙表示歉意,并保证管理好孩子们。

　　结果在参观过程中,一名幼儿不小心碰摔了一瓶酱油,还有一名幼儿因为教师一时找不到厕所而尿了裤子。草草参观完毕,教师带领幼儿通过无购物通道时,超市人员发现一名幼儿拿了一块橡皮,还有一名幼儿嘴里含着一块糖。教师十分无奈,只好按照超市规定补交了钱。在超市人员"不欢迎"的眼光中,教师带领着幼儿赶紧返回了幼儿园。

　　回到班里后,幼儿很兴奋,依然谈论着超市里的玩具和食物。当教师问到超市里的物品怎样分类摆放时,他们纷纷说道:"洗衣粉、电风扇、衣服……"却并没有记住教师在超市里讲解的蔬果、生鲜、饮料、日化等分区。

案例分析

　　此次参观超市的外出活动出现了诸多问题,未能完成预期的活动目标。造成这一情况的主要原因是教师开展外出活动时的准备不足和组织不力,具体分析如下:

　　1. 未与超市提前沟通。幼儿教师可能认为超市是自由购物场所,因此未和超市提前沟通联系,导致超市措手不及,造成了超市购物秩序的混乱。此次参观活动不但未能得到超市的协助与支持,而且招致了超市的"不欢迎"态度。

　　2. 活动缺乏规划。活动中没有明确的参观路线,教师只是被动地随着幼儿自由参观,导致整个活动混乱无序。

　　3. 对活动地点不熟悉。参观过程中,一名幼儿因为老师找不到厕所而尿裤子,说明教师对超市的布局不熟悉,没有提前勘察超市。

　　4. 活动纪律较差。参观过程中,幼儿任凭兴趣自由活动,说明教师对活动纪律强调不够,组织方式欠佳,即使现场临时加以约束,效果也不明显。参观过程中两名幼儿无意识地拿了橡皮和吃了糖,说明幼儿对超市的规章制度并不十分清楚,教师未能做到预先教育和及时制止。

　　5. 活动目的未达到。幼儿无论是参观超市过程中,还是回到幼儿园之后,注意力和兴趣点始终集中在玩具和食物上,并未达成教师让幼儿了解超市物品分类摆放特点的活动目的。主要原因应是教师并未让幼儿预先知晓此次活动的目的,且教师也未提前制定有效措施保障达到活动目的,从而造成了幼儿的无目的活动。

 **指导建议**

从以上案例中可以看出班级外出活动准备工作的重要性,要想开展好班级外出活动,必须要"未雨绸缪",做好前期准备工作。

1. 提前勘察活动地点。教师在带领班级幼儿外出活动前,必须要亲自前往活动地点进行详细勘察,即使对活动地点比较熟悉,也要对活动路线、场地布置等进行全面考察,尤其要关注休息处、餐饮处、盥洗室等地点,以保证幼儿的各种需要。

2. 提前沟通联系。教师应与外出活动时涉及的相关单位或人员进行有效沟通联系,要向工作人员说明活动的目的、形式和时间,同时向工作人员了解活动地点的规章制度和具体要求,争取他们的配合和支持。如在本次活动中,教师就应先与超市负责人沟通好,选择合适的时间进行参观,避开超市人流高峰点,甚至可以邀请超市的导购员为幼儿介绍超市的商品和布局,从而形成良好的活动氛围。

3. 让幼儿参与活动准备。教师应鼓励幼儿积极参与班级外出活动的准备工作。如在本案例中,可提前告知幼儿参观超市,让幼儿提出各自的意见,并进行商讨。甚至可以满足幼儿的购买欲,允许幼儿自行购买少量的个人用品,让其制定、实施购买计划,从而体验超市购物的环境,认识超市购物的流程。在幼儿参与活动准备的过程中,教师既要点出活动目的,又要让幼儿明白活动的各个环节和具体要求,从而使幼儿做到心中有数、行为有序。

4. 制定各种预防措施。教师应提前考虑好可能发生的各种情况,并预先制定出应对方案。如针对幼儿的活动纪律问题,教师可采取提前教育说明、设立小组长协助管理、评选模范参观员、幼儿互相监督等方式,规范管理幼儿的参观行为。针对幼儿可能出现的饮水、如厕等情况,教师应预先准备、做好应对。甚至教师要考虑到遇到可能发生的火灾、地震等突发意外情况时,怎样组织幼儿安全撤离。

5. 规划整个活动过程。教师应全盘考虑整个班级外出活动,对活动过程有一个整体的规划,以保证活动的井然有序。如对活动的时间节点、节奏把握、环节流程等有一个整体掌握,能够全程有效地组织管理。

案例四十六　　准备春游

案例呈现

春天来了,某幼儿园大班正在准备进行一次外出春游活动。在准备过程中,教师专门面向幼儿开展了有关"春游"的主题活动。

首先,教师和幼儿共同进行了一次"春游需要准备什么"的谈话活动。教师向幼儿说明了此次春游的目的地是附近的某风景区,详细介绍了活动的内容、时间和流程安排,幼儿一听都非常兴奋。紧接着老师问道:"春游之前我们需要做什么准备吗?"幼儿七嘴八舌地议论开来,有的说需要准备食物、饮料和水,有的说需要穿运动服和运动鞋,有的说需要戴遮阳帽,有的说需要找一辆大客车,有的说需要准备照相机和摄像机……教师肯定了幼儿的说法,并继续提出问题:如何避免小朋友相互找不到呢?如何预防小朋友受伤呢?万一下雨怎么办?……经过讨论,大家一致认为,出发前还要做如下准备:孩子们要穿印有幼儿园名称的统一服装,老师要举小红旗和班级标志;要带一些创可贴等药品;要提前关注天气预报等。

其次,教师和幼儿又共同进行了一次"准备春游"的绘画设计活动。幼儿分小组设计了此次春游活动的班级标志,还画出了春游活动的整个流程图和准备事宜及物品。设计完毕后,教师请每一组幼儿讲解了各自的设计,并最终选定了此次春游活动的班级标志,要求幼儿在春游时始终跟着班级标志走。

最后,教师要求幼儿回到家后,向爸爸妈妈讲解此次春游活动的流程和准备事项,在爸爸妈妈的帮助下列出所需准备的物品,并和爸爸妈妈一起准备好。

 案例分析

案例中,老师为了做好外出春游活动的准备工作,充分调动幼儿的积极性和主动性,开展了以"春游"为主题的系列活动,使幼儿完全参与到了活动的准备过程中,较好地实现了其教育目的。

1. 发挥了外出活动的教育作用。幼儿园班级外出活动的主要作用有教育和娱乐休闲作用,而在本案例中就充分体现了其教育作用。幼儿在参与活动准备的过程中认识到了外出春游活动的流程和准备工作,学习到了有关外出活动的各种知识。

2. 锻炼了幼儿的思维。教师引导幼儿自由讨论,充分锻炼了幼儿思维的发散性和灵活性;开展绘画设计活动,锻炼了幼儿思维的形象性、严谨性和创新性。

3. 培养了幼儿的语言表达能力。在绘画设计活动中,教师请每一组的小朋友讲解了各自的设计,为幼儿营造出了语言表达的情境;向爸爸妈妈讲解春游活动的流程和准备事项,也培养了幼儿的表述能力。

4. 培养了幼儿的自主合作能力。在绘画设计活动中,教师引导幼儿分小组设计,给予了幼儿自主合作的空间和时间;和爸爸妈妈一起准备春游物品,也培养了幼儿的自主合作能力。

 指导建议

班级外出活动的准备工作涉及方方面面,既需要幼儿园自身做好各种准备,又需要家长和合

作单位及相关人士做好相关准备。本案例呈现的就是幼儿园针对幼儿这一外出活动的主体开展的准备工作。教师通过各种教育活动形式加深幼儿对于班级外出春游活动的认识,帮助幼儿进行充分的物质和心理准备,为活动的正式进行奠定了良好的基础。教师在对幼儿进行班级外出活动的准备教育时还要注意以下几点:

1. 做好安全准备工作。由于班级外出活动离开了幼儿熟悉的幼儿园和家庭,在开放的陌生环境中有着许多潜在的安全隐患,因此幼儿的安全问题就成为首要问题。教师应针对外出地点的实际情况,采取各种措施保障幼儿活动的安全,同时要让幼儿认识到安全的重要性,知道如何应对各种可能发生的突发情况,甚至可以根据情况进行安全行为模拟演练。总之,活动前教师一定要对幼儿强调安全事项,提高幼儿的安全意识和自我保护意识。

2. 重视外出活动的教育作用。班级外出活动并非简单的娱乐休闲,幼儿园教师应同时注重对幼儿的启发教育。如在本案例中,教师还可面向幼儿介绍所去风景区的各种人文或地理知识,甚至可拓展延伸到其他相关风景区的学习,从而使幼儿"玩有所学"。

3. 根据需要,可提前排练或准备节目、游戏。由于班级外出活动的一个重要作用就是让幼儿娱乐休闲,因此可以根据活动实际和幼儿需要,提前准备一些幼儿喜欢的文艺节目或互动游戏。

4. 教师应统筹活动准备工作。案例中,教师和幼儿进行了"准备春游"的绘画设计活动,让幼儿分组进行设计。教师应引导幼儿在各自设计的基础上,共同形成一份完善的准备方案,从而避免幼儿准备设计的遗漏和不足。

案例四十七　从敬老院回来之后

案例呈现

　　某幼儿园大班组织了一次去敬老院为老人演出的班级外出社会实践活动,其间幼儿与老人们相处得极为愉快。返回幼儿园后,教师发现幼儿还不时谈论那次外出活动,有的幼儿还问什么时候再去敬老院。

　　为此,教师专门开展了一次"从敬老院回来之后"的谈话活动。教师首先用多媒体展示了去敬老院活动的照片,播放了表演活动的视频,让幼儿回忆活动当天的情景。之后还介绍了"重阳节"是关爱老人的节日,就好像小朋友们要过"六一"儿童节。幼儿对此话题有说不完的话,纷纷问:"我们的爷爷奶奶将来也会去敬老院吗?""爷爷奶奶们在敬老院整天都在做什么?""老爷爷拉二胡真好听,我们能拉吗?"……经过大家的热烈讨论之后,教师引导幼儿要尊重老人,因为他们为社会做了很大贡献。

　　谈话活动之后,教师为幼儿准备了彩笔和纸,让幼儿给敬老院的爷爷奶奶"画"一封信。幼儿画得非常认真,充满了奇思妙想和对老人的关爱。最后,教师要求幼儿回家之后用自己的方式向爷爷奶奶或外公外婆表示爱意。

 **案例分析**

　　班级外出活动的延伸可以说必不可少,一方面延伸活动可以巩固和强化班级外出活动的成果,另一方面也可以了解具体的活动效果,检验活动成效。案例中的延伸活动开展得较为成功,具体表现在如下几个方面:

　　1. 满足了幼儿的兴趣需要。返回幼儿园之后,幼儿对敬老院之行念念不忘,说明其印象深刻,存有好奇心和求知欲。教师此时"趁热打铁",及时开展了相应的延伸活动,充分满足了幼儿的兴趣需要。

　　2,采取了适宜的活动形式。案例中,教师连续开展了谈话活动和绘画表达活动,给予了幼儿充分、自由表达的时间和空间,使幼儿得到了充分的交流,培养了幼儿的语言表达能力和艺术表现能力,达到了预期的活动目的。

　　3. 凸显了教育主题。通过一系列的延伸活动,使整个班级外出活动的内涵得到了升华,深化了爱心教育、感恩教育的主题,有效巩固和强化了此次班级外出社会实践活动的成果,从而为此次活动画上了一个圆满的句号。

 **指导建议**

　　班级外出社会实践活动虽然在幼儿园里开展得不多,但其意义却不容小觑。在开展此类活动时,要注意以下几个方面:

　　1. 体现其社会性。与班级外出游玩活动的重视自然景物不同,班级外出社会实践活动的社会性较为突出,因此较为注重引导幼儿与社会中的各类人进行接触,促进幼儿学会与人交往、融入社会、适应社会,从而促进幼儿社会性的发展。

　　2. 重视其实践性。与班级外出参观活动的重视感知体验不同,班级外出社会实践活动更为重视培养幼儿的社会实践能力,鼓励幼儿在社会生活中进行实践练习,从而培养其社会实践能力。如植树节外出种植、外出开展环保清洁活动、去福利院与孤儿开展共建活动等,这些活动都要求幼儿亲身参与、直接动手,因此能直接提高其实践能力,但需要注意的是由于幼儿年龄较小,实践能力有限,开展此类活动时要量力而行。

 **案例四十八　认识叶子**

案例呈现

　　某幼儿园中班开展了一次"认识叶子"的秋游活动。教师带领全班幼儿到附近的公园感受了秋天的自然景色,重点引导幼儿观察了各种树叶的特征,带领幼儿收集了各种形状的落叶。教师还让幼儿按照自己的视角自由写生,画出自己喜欢的各种叶子。写生完毕之后,教师为幼儿详细介绍了各种植物的叶子,还开展了一系列的集体游戏活动。最后,在欢声笑语中大家返回了幼儿园。

回到幼儿园之后,教师组织幼儿进行了一次谈话活动,让幼儿说说此次秋游的感受,并让幼儿拿着自己的写生作品进行了详细介绍。幼儿异常兴奋,相互交流着各自的感受,教师还引导幼儿回家后向爸爸妈妈说一说自己的收获。

谈话活动之后,教师发现幼儿对于叶子依然兴趣十足,于是决定继续开展有关"叶子"的系列活动。

首先,开展了"神奇的叶子"科学活动。教师让幼儿仔细观察了叶脉的分布,并引导幼儿探索了叶脉的作用。教师还让幼儿认真比较绿叶和枯叶的差异,使幼儿认识到了水分对于叶子的重要性。教师还带领幼儿做了一个科学小实验,从高处将落叶抛下,仔细观察落叶落地时哪面朝天的次数多,经过反复实验验证,发现落叶总是背朝天。

随后,开展了"会跳舞的叶子"音乐活动。教师在出示了含羞草、跳舞草的图片后,让幼儿仔细分析了这些叶子的特点,还让幼儿欣赏了歌曲《会跳舞的叶子》,并引导幼儿用动作表现歌曲的节奏和内容。

最后,还开展了"美丽的叶贴画"手工活动。教师引导幼儿将收集来的各种叶子制作成了形态各异的叶贴画。幼儿表现得兴趣盎然,教师还将幼儿的作品进行了公开展览。

 案例分析

案例中,秋游活动开展完毕之后,教师以此为契机,开展了"认识叶子"的一系列活动,较好地进行了班级外出游玩活动的延伸。

1. 活动主题鲜明。无论是班级外出的秋游活动,还是返回幼儿园之后的延伸活动,始终围绕"认识叶子"这一主题进行,充分说明其主题鲜明、中心明确。无论开展何种班级外出活动,都应有明确的主题,切忌盲目、随意开展活动,要始终注意发挥班级外出活动的教育和娱乐休闲两大作用。

2. 延伸了新的主题活动。此次班级外出活动之后,教师根据幼儿需要和实际情况,延伸形成了新的主题活动,具体涵盖了语言、科学、艺术等多个领域。由此可见,此次班级外出活动其实成为一个"认识叶子"主题活动的开端,其活动本身及延伸活动都已成为一个完整主题活动的组成部分。

3. 拓展延伸深入。此次班级外出秋游活动仅仅是观察欣赏了各种叶子,进行了写生,而在后续延伸过程中,教师引导幼儿进行了更为深入和广泛的拓展,逐步引导幼儿形成了对植物叶子的整体科学的认识,显然后期的延伸将此次秋游活动提升到了一定的高度和深度。

本案例对于我们进行班级外出活动的延伸有如下启发：

1. 适宜的拓展延伸可以提升活动质量。开展班级外出活动时，由于受时间和条件的限制较多，往往来不及引导幼儿进行深入细致的探索。但活动结束后，教师可以有更多的时间引导幼儿进行深入思考和探索。因此，适宜的拓展延伸可以进一步加深活动内涵，有效提升活动质量。

2. 班级外出活动可以灵活开展。本案例中，"认识叶子"秋游活动成为一个主题活动的开始部分，但在幼儿园的实际教育管理工作中，班级外出活动何时何地开展是可以灵活机动调整的。如本案例中，如果教师先进行主题活动，而将此次秋游活动作为主题教育活动的一个延伸也是可以的。

3. 活动延伸可灵活调整。在本案例中活动延伸较长，而在上一个"从敬老院回来之后"案例中，延伸则较为简短。两种活动延伸并无优劣好坏之分，具体应根据活动需要进行取舍，不宜形成僵化的固定模式。

案例四十九　　好玩的植物园

案例呈现

在阳光明媚的一天，某幼儿园中班的幼儿正在教师的带领下游玩植物园。幼儿进入植物园的大门后异常兴奋，突然琪琪小朋友看见了附近的观光游览车，便大声喊道："老师，我要坐车！"其他幼儿也跟着喊道："我也要坐车！"顿时幼儿嚷成了一片。教师赶紧制止幼儿的喊叫，说："坐观光车是要付费的，大家都要坐的话，老师没有那么多钱，咱们还是走着游览吧！"幼儿听后很失望，有的还继续嘟囔着"我还是想坐车"。

几位教师赶紧转移话题："我们还是看看那些美丽的植物吧！"于是在教师的带领下，幼儿排成两列开始了游览。一路上，几位教师不断强调纪律，严禁幼儿随意走动、大声说话，要求幼儿要始终保持队形。每到一个景点，教师简单地把景点名字一念，把植物名称一读，就带领幼儿开始走动观赏。有的幼儿向教师提出了一些问题："这些花为什么有刺啊？""那些草怎么是紫色的呀？"……教师一本正经地介绍道："这些花草天生就是这个样子啊！"

游玩到一半的时候，教师找了一块空地让幼儿坐下休息一会儿，要求幼儿赶紧喝水、上厕所。这时候，乐乐小朋友看到了一边卖烤肠的商店，向教师恳求道："老师，我饿了，我想吃烤肠！"其他幼儿也纷纷表示想吃。几位教师一听十分无奈，其中一位教师灵机一动说："小朋友们不是出发前都准备了好吃的吗？现在大家可以拿出来尝尝，相互之间也可以交换品尝。"幼儿高兴地拿出食物相互交流起来，一会儿便津津有味地吃了起来。

游玩临近结束时,教师开始清点人数,突然发现少了两名幼儿,赶紧四处寻找。最后在植物园工作人员的帮助下,终于找到了在某个角落正玩得不亦乐乎的两名幼儿。

 案例分析

在此次班级外出游玩活动的进行过程中,出现了一些意外情况,令教师措手不及,说明教师的教育管理存在一些问题,其中的经验教训值得我们深思。

1. 教师应对能力有待提高。在进入植物园后,幼儿想坐观光游览车,教师以没钱坐答复,显然不能使幼儿感到满意。此时,教师可灵活应对,进一步说明徒步游览的好处:可以边走边看,想停就停,方便大家欣赏沿途美景等。后面当小朋友提出要吃烤肠的时候,教师的应对能力显然有了提高,及时将幼儿的注意力转移到了自带食物上。

2. 活动组织形式不够灵活。游览过程中,几位教师意识到了秩序的重要性,因此十分注意强调纪律,要求幼儿始终保持两列队形。这种做法显然束缚了幼儿活泼好动的天性,教师应灵活组织幼儿,既可以分组带领幼儿,又可以根据实际情况简单变换队形,满足幼儿的观赏需求,为幼儿营造出一种宽松、愉悦的游玩氛围,使幼儿的身心真正放松下来,达到娱乐休闲的目的。

3. 教师的引导不到位。游玩过程中,教师只是简单介绍景点和植物名称,对于幼儿的问题也只是应付作答,显然不能满足幼儿的好奇心。教师应做好幼儿的领路人,既要熟悉游玩路线,又要详细介绍沿途的风景;既要向幼儿提出开放性、启发性的问题,又要认真回答幼儿的各种问题;既要引导幼儿仔细观察各种植物、景物,又要启发幼儿进行深入思考。教师及时到位的引导既可以使幼儿增长知识、拓宽视野,又可以使幼儿的注意力始终集中在教师这里,从而做到不刻意维持纪律而使幼儿秩序井然。

4. 教师清点人数不及时。游玩临近结束时,教师才清点幼儿人数,发现少了两名幼儿,险些造成安全事故。在游玩过程中,无论是在出发、途中,还是在活动的开始、中间、结束整个过程中,教师及相关人员要经常清点人数,防止幼儿走失,因为幼儿是年幼的未成年人,教师必须要当好临时监护人。

 指导建议

进行过程中的教育管理是班级外出活动教育管理的核心。无论是班级外出活动的策划,还是准备,都是为了最终活动的良好进行。因此,班级外出活动进行的教育管理直接决定着整个班级外出活动的成败。教师在具体开展班级外出活动时,需要注意以下几个方面:

1. 灵活应对各种突发情况。虽然出发前,幼儿园做了各种策划和准备,但在实际进行过程中可能出现各种各样的意想不到的情况,这时就需要教师沉着冷静、灵活应变,做好幼儿的教育管理工作。

2. 做好幼儿的组织管理工作。由于幼儿年龄小、自我保护能力差,需要教师及时到位的组织引导,才能开展好活动。教师既要做好整个班集体的组织管理工作,同时又要兼顾个别幼儿的组织管理工作,才能保证活动的顺利进行。

3. 把握好活动的节奏。活动进行过程中,要充分考虑到幼儿的兴趣需要,对于幼儿感兴趣的事物可给予其更多的时间加以关注。同时,还要考虑到幼儿的身体素质,当幼儿因长时间活动较为疲惫时,要及时休息调节,做到张弛有度、节奏适宜。

4. 做好各种互动。活动过程中,教师既要与幼儿互动,又要引导幼儿之间互动,还要启发幼儿主动感受周围的环境,在各种互动中使幼儿"玩中乐、玩中学"。如在游玩植物园的过程中,师幼之间可以互相提问,幼儿之间可以互相交流,幼儿还可以通过闻闻花香、画画美景等方式感受自然景观。

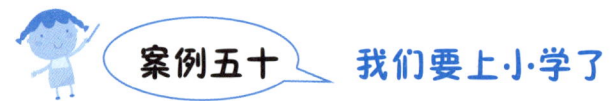

案例五十　　我们要上小学了

案例呈现

　　某幼儿园大班的幼儿即将升入小学,为做好幼小衔接工作,让幼儿提前了解和适应小学的学习生活,教师开展了"我们要上小学了"的主题活动。幼儿对于小学校园充满了渴望与好奇,经常向教师提出一些关于小学的问题。为此,幼儿园与附近某小学联系好了具体参观事宜,向家长发出了活动邀请函,经过一系列的精心准备,终于开始了参观小学的班级外出活动。

　　在教师的带领和家长的陪同下,幼儿整齐有序地进入了小学校园。活动第一项是观摩小学师生的升旗仪式和广播体操。教师引导幼儿注意观察小学生的动作行为,要求大家学习小学生的排列整齐、动作标准。幼儿表现得异常激动和羡慕,甚至有的幼儿情不自禁地跟着做起了广播体操。

　　活动第二项是参观校园。由高年级小学生做向导,带领幼儿、家长和老师参观了教学楼、运动场、实验楼、大礼堂等校园整体环境。幼儿感觉十分新奇,不时向身边的家长和教师提出各种问题。

　　活动第三项是观摩课堂教学。在小学教师的带领下,幼儿和家长分小组进入到一年级的几个班里旁听了15分钟的教学活动。幼儿园教师引导幼儿仔细观察小学生如何做好课前准备、如何课上听讲、如何举手发言等。

　　活动第四项是座谈交流。首先请小学教师回答幼儿和家长的各种问题,进一步了解小学生的学习生活。接下来是幼儿与一年级小学生进行一对一的交流活动,幼儿园老师引导幼儿主动与小学生交往,让幼儿大胆、有礼貌地向小学生询问感兴趣的问题。

活动第五项是联谊表演。在大礼堂内,面向小学里的学生和教师,小学生和幼儿共同表演了精彩的文艺节目,最后由幼儿代表向所参观小学表达了感谢和向往之情。活动在轻松愉快、恋恋不舍的气氛中结束了。

 案例分析

本次参观小学的班级外出活动策划严密,准备周全,进行顺利,是一个非常成功的班级外出活动范例。具体表现在如下几个方面:

1. 组织程序规范严密。整个参观活动分为五个环节,每一个环节都设计合理、井然有序,组织程序的规范严密是此次活动顺利实施的重要保障。从中可以看出,开展班级外出活动时一定要规划有序,组织严密,切忌盲目进行,无序实施。

2. 教师引导到位。在参观小学的整个过程中,幼儿园教师始终注意引导幼儿进行有目的的观察和学习,为达到预期活动目标奠定了坚实基础。教师在班级外出活动的开展过程中,始终要以幼儿为主体,但又要发挥自身的主导作用,才能真正发挥出外出活动的教育作用。

3. 与小学合作顺利。此次活动的成功开展,离不开所参观小学的大力配合与支持,由此可以看出在开展班级外出活动时一定要与相关单位及人员做好沟通与合作工作,才能保证活动的顺利进行。

4. 家长的配合支持。班级外出活动的开展离不开家长的理解和支持,此次活动就得到了幼儿家长的积极配合,家长的全程参与保证了活动的有效实施。由于班级外出活动的特殊性,经常需要家长进行充分的准备和直接的参与,因此家园合作也是活动成功的重要保障。

5. 前期准备充分。本次活动的前期准备十分充分,首先是开展了"我们要上小学了"的主题活动,水到渠成地将幼儿和家长引导到了参观小学这一活动;其次是幼儿园前期与小学的沟通联系,保证了抵达参观目的地后的良好接待;再次是幼儿园前期与家长的沟通联系,提前发出邀请函,让家长参与到了幼儿园的活动之中,密切了亲子关系,也保证了活动效果;最后是幼儿园教师为了联谊表演的成功,前期付出了排练节目的辛勤汗水。

 指导建议

此次成功的班级外出活动可以带给我们如下一些启发:

1. 要始终坚持幼儿为活动主体。整个参观小学活动的进行,充分体现了幼儿园始终坚持以幼儿为主体的教育理念。整个活动过程中,注意满足幼儿的兴趣和需要,给予幼儿充分表达和互动的时间和空间,为幼儿的健康成长提供了助力。

2. 要发挥教师组织者的作用。班级外出活动离不开组织者,而组织者一般由幼儿园的教师担任,因此教师的组织作用毋庸置疑。教师作为组织者,既要组织幼儿进行活动,又要组织家长

参与活动,还要组织相关人员配合活动,组织相关单位协调活动。

3. 教师指导要有全局观念。在此类活动中,参与人员众多,涉及事宜也较多,因此要求教师要有全局观念,一方面要在活动过程中把握主要内容,另一方面要注意引导全体幼儿,从而把握好整个活动的方向。

4. 尽量全程记录活动过程。在活动过程中,幼儿园最好安排专门人员采用拍照或摄像的方式全程记录活动过程,这样做有诸多好处:一是真实记录了幼儿的成长过程,丰富了幼儿的成长资料,满足了家长的记录需要;二是为活动的后续延伸提供了材料支持,方便幼儿回忆活动过程;三是为幼儿园提供了活动案例,方便教师进行反思学习。

图书在版编目（CIP）数据

幼儿园班级管理案例分析/史爱芬，李立新主编. —上海：复旦大学出版社，2019. 1（2021. 9
重印）
普通高等学校学前教育专业系列教材
ISBN 978-7-309-14005-7

Ⅰ.①幼… Ⅱ.①史…②李… Ⅲ.①幼儿园-班级-学校管理-幼儿师范学校-教材
Ⅳ.①G617

中国版本图书馆 CIP 数据核字（2018）第 244741 号

幼儿园班级管理案例分析
史爱芬　李立新　主编
责任编辑/查　莉

复旦大学出版社有限公司出版发行
上海市国权路 579 号　邮编：200433
网址：fupnet@ fudanpress. com　http://www.fudanpress. com
门市零售：86-21-65102580　　团体订购：86-21-65104505
出版部电话：86-21-65642845
上海丽佳制版印刷有限公司

开本 890×1240　1/16　印张 7. 25　字数 162 千
2021 年 9 月第 1 版第 3 次印刷

ISBN 978-7-309-14005-7/G · 1918
定价：35. 00 元